中大经济研究院·国际证券期货经典译丛

超越随机漫步

——使用投资者行为和趋势分析预测市场变动

[美] 理查德·莱曼 (Richard Lehman) 著

益 智 译

上海财经大学出版社

图书在版编目(CIP)数据

超越随机漫步:使用投资者行为和趋势分析预测市场变动/(美)莱曼(Lehman R.)著;益智译.—上海:上海财经大学出版社,2015.3
(中大经济研究院·国际证券期货经典译丛)
书名原文:Far From Random:Using Investor Behavior and Trend Analysis to Forecast Market Movement
ISBN 978-7-5642-1909-3/F.1909

Ⅰ.①超… Ⅱ.①莱…②益… Ⅲ.①金融投资-研究 Ⅳ.①F830.59

中国版本图书馆 CIP 数据核字(2014)第 103773 号

□ 责任编辑 刘 兵
□ 封面设计 张克瑶
□ 责任校对 林佳依

CHAOYUE SUIJI MANBU
超 越 随 机 漫 步
——使用投资者行为和趋势分析预测市场变动

[美] 理查德·莱曼 (Richard Lehman) 著
益 智 译

上海财经大学出版社出版发行
(上海市武东路 321 号乙 邮编 200434)
网 址:http://www.sufep.com
电子邮箱:webmaster @ sufep.com
全国新华书店经销
上海市印刷七厂印刷
上海景条印刷有限公司装订
2015 年 3 月第 1 版 2015 年 3 月第 1 次印刷

787mm×1092mm 1/16 13 印张 (插页:1) 179 字
印数:0 001—3 000 定价:42.00 元

图字：09-2013-280 号

Far From Random

Using Investor Behavior and Trend Analysis to Forecast Market Movement

Richard Lehman

译者序

——行为金融的源头与实践

本书的作者理查德·莱曼表面上是技术分析的拥趸，但实际上是一名行为金融的实践者，他起步于 40 年前的华尔街金融营销人员，而且从他的自述中也感觉到他从来没有把自己当作正统的"高大上"的华尔街金融人士，而这恰好给了他从另外一个视角考察股票投资成功之道的机会。按照他的观点，行为金融起源自 1978 年他参与的关于消费者行为的投资分析。

莱曼从他的老本行消费者心理研究出发，发现股票市场不是随机漫步的，而是总体心理和参与者心理的函数，可以通过价格成交量等数量图表分析，运用诸如价格趋势通道分析这样的技术手段来解释，所以股票价格并非有效市场假说、随机漫步理论所谓的不可预测，而是在某种程度上可以预测的。

作者认为是时候去讨论 20 世纪一些卓越人士暗示过但却没有去积极推进追求的事情了，即要更人性地看待股票市场，译者也认为，传统的简单化的模型实际上是计算能力的短板限制，现在大数据及计算能力的水平已经完全足以启动各种揣摩人性的研究了。

证券行业里令人担忧的是，许多证券分析师自认为是投资专家仅仅是由于他们通过了某些证券从业资格的考试，而现实却是那些出题的考官也对投资实践一窍不通，所以我常对上我教授的投资学课程的学生说，我即使给了你们 100 分，你们也别自认为是炒股高手而自欺欺人，其实这种现象国内外都普遍存在，关于基本面分析和技术分析的争论已久，似乎基本面分析的学术逻辑强些，芝加哥大学法玛教授的有效市场假说（EMH）也刚刚获得诺贝尔经济学奖，但同时耶鲁大学希勒教授关于非理性行为的描述分析对股票市场的影响也十分巨大，而且也同时获得了诺贝尔奖，虽然其贡献并不完全在于行为金融，但其关于行为金融的大作《非理性繁荣》却是畅销书。

作者认为传统股票市场思维和估值的缺点，只是不断推荐买入，而不提示何时卖出，研究变成了市场的工具而不是客观的评论；证券行业研究的直接目标并非让客户赚钱，而是赚取佣金和利息，正如快餐业并非让客户有个更健康的饮食一样。不管他们传授给你多少炒股经验，没有销售就没有利润。基本面分析是唯一一种使任何人都知道哪种股票可以买的理论。而且得到监管层、学术界、公众的广泛支持。但它不能用来分析股票的行为，只是对各种股票打个标签而已。基本面分析缺少了对股票参与者的分析，即这些人的行为分析。所以往往会出现股票基本面没有大的变动而股票价格大幅波动的情况，甚至是相反方向的运动，如 2014 年下半年的蓝筹股行情，它们与基本面的走势有着似是而非的关系，涨幅巨大的银行股实际上面临着互联网金融的冲击、房地产市场下滑以及地方政府平台坏账的阴影。2014 年我国股市中的一些妖股如兰石重装、成飞集成、威华股份、重庆啤酒、獐子岛、中纺投资的走势，虽然有基本面因素的些微映射，但投资者主观情绪的影响无疑是巨大的。所以本书作者坚定地认为，基本面分析对于短期波动预测无效，而长期来看，基金经理很少有表现超过大盘走势的。而对于公司的价值评估，莱曼以其亲身经历证明，即使公司的高管也不会预测到一年以后企业会面临什么情况。

再以 2014 年 10 月上市的兰石重装股票为例，兰石重装发行价每股 1.68 元，上市之前海通证券给出的上市定价为 1.8～2 元；财富证券则认为兰石重装的合理定价区域应该是 1.8～2.4 元；申银万国给出的价值波动区间是 1.5～2 元。但是从兰石重装上市之后的实际走势来看，股价显然已经远远超出了券商的预估范围，18 个交易日中拉出了 23 个涨停板后达到 12.23 元，比发行价上涨了 7 倍多，这时东北证券的分析师发文认为“从目前的走势来看，兰石重装的盘中筹码已明显出现松动，未来该股随时会结束连续涨停的走势。

一旦确立调整趋势，那么将会面临较大的抛售压力。在今后相当长的一段时间里，兰石重装的二级市场股价都会以调整为主”。而实际上该股又连续拉了 6 个涨停板，直到 21.67 元，调整几天后又一路最高涨到 28.57 元，所谓的基本面估值的谬误昭然若揭。

传统学院派金融理论的随机性实际上是基本面信息无法收集全而产生的一种表象，指数基金其实是被动投资理念的产物，虽然可以否定投资顾问的作用，但讽刺的是，指数基金更不需要基本面分析了，内幕信息实际上也使市场更加有效。

正是因为如此，莱曼认为股票投资可以看作消费者行为的另外一种形式，提倡基本面分析与行为心理因素的结合，而主观因素本身即可对股票估值影响巨大，从溢价的角度而言，即诸如对未来担忧的溢价，便利性溢价，知名度溢价，预期溢价，持续经营溢价。为了证明人的行为与情绪不会像传统金融模型假设的那样会相互抵消，而是会产生巨大的作用，早在 1978 年作者就雇佣斯坦利博士做了心理统计特征，同年卡尼曼和特沃斯基开始将投资者行为引入投资决策，并且在学术刊物上发表论文，后来也获得诺贝尔经济学奖。莱曼推崇的行为金融先驱是普莱切特，正是他把行为金融与艾略特的波浪理论有机结合，指出波浪反映了社会情绪在乐观和悲观之间的交替演变。

本书也是行为金融理论的入门读本，作者综述了各种有关行为金融的概念及作家，如黑天鹅、漫步华尔街、希勒、量子物理原理、施莱弗的非有效市场，股票个股的随机性与市场的系统性，有助于我们从实证的角度更加深入地理解了市场属性，如何从新的行为角度来看待市场，根据市场的周期规律从事华尔街不擅长的择时交易。作者也根据其 40 多年的经验与理论归纳出实际的投资工具及策略，他认为股价由基础价值和主观价值两部分组成，就像股票期权包括内在价值和时间价值，后者是由于波动而产生的额外价值一样。在二级市场买入股票不是真正意义上的投资，主观价值由投资者心理及其导致的行为所主导，公司的基本面改变得很慢，因此我们每天看到的股价变动大部分来自于投资者行为的因素。

趋势通道分析为解释股价的变化提供了超越传统投资理论的新视角，技术分析在作者看来是解释市场对股价影响的最好方法，莱曼提供了他自己简洁而独特的趋势通道分析，可能是文人相轻吧，市场上普遍运用的趋势指标——布林线——他却没有提到，作为投资者其实是可以兼收并蓄的。

值得一提的是，莱曼也是一位期权专家，他与麦克米伦在2003年合著了一本《备兑认购期权的新观点》，正好2015年2月9日我国就要推出ETF期权试点，老法师的经验与年轻的中国衍生品市场碰撞或许会带来惊喜，希望能够尽快介绍给我国的投资者。

益智　浙江财经大学证券期货发展研究中心主任

2015年1月11日

序

我一直认为技术分析是至今为止进行股票投资最精确的分析方法。我的学位是科学类的(数学,计算机),所以可能对我会有点影响。但是,在近40年的投资生涯中,我研究了许多基本面分析和技术分析的方法,严格地说,技术分析明显略胜一筹。

例如,当一个人买入一只股票,随后开始下跌时,他该怎么操作?技术分析可以看出股票处于下跌趋势中(或不再处于上涨趋势),然后卖掉它,等待它再一次处于上涨趋势时买入。但是,基本面交易者是基于一些盈利指标或其他基本面信息显示股票是足够便宜而买入。这样,当价格下跌时,他应该更喜欢它,除非基本面已发生变化(不太可能)。基本面方法很明显和广为接受的"割掉损失,持有盈利"相矛盾。事实上,正如本书所指出的那样,这样的看法使得基本面分析者觉得他(她)是对的而市场是错的——这对于交易者或投资者是致命的。

事实上,绝大部分的基本面分析者也会进行技术分析。换句话说,他们不仅仅关心"盈利",还关注诸如盈利趋势或是 P/E 等指标。一旦有了"价格"或"趋势"的分析,他就是一个事实上的技术分析者了。

对技术分析作用的探索,本书提供了一个关于总体市场尤其是股票市场的有逻辑的、令人满意的方法。首先,一只股票从基本面上分析是有价值的。公司对于股票持有者没有任何类似于对债券持有者那样一定会偿还的承诺。事实上,股票的价格更像是成千上万的投资者的集合意见的表达。这些意见经常会受到情绪的影响——从贪婪的最顶点到恐惧的最低点。一只股票的价格会随着这些情绪剧烈波动。

结论就是，传统基本面分析者不能决定股票的“市场价值”。所以，大部分华尔街分析师的推荐是没有用的。从2008年市场的下跌中我们可以很清楚地看清这一点。基本面分析师总是向公众宣称“股票已经很便宜”，即使价格一直在暴跌。问题在于，人们不知道到底多少算是“便宜的”。但是，技术分析者会选择要不退出市场(持有现金)、要不卖空股票，因为他已经看出了下跌趋势。

《超越随机漫步》揭开了有效市场假说的神秘面纱(所谓的随机漫步)。简单地说，这个假说建立在股票价格是基于理性人、有知识(无情绪的人)的行为。我们知道这并非事实，至少当市场在极端情况下。股票价格波动的方式是传统金融不能预测或解释的。人类情绪——恐惧与贪婪——对股票价格的影响很大，而这种情绪在基本面分析或是有效市场假说里都没有得到体现。

这本书的案例对技术分析做了合理充分的说明。技术分析中较好的一种方法是趋势分析法。只要趋势依然有效，它的目标是确定趋势并依靠趋势。这种方法内在的逻辑性就是我们应该持有表现好的股票并卖掉表现不好的股票，以价格为准，而不是营利性。

事实上，我们(技术分析师)经常说，价格是技术指标的根本基础。如果你反价格趋势而行，会非常不舒服，会耗尽精神和财力，所以千万不要这样。相反，我们要跟随趋势而行。

如果你在读这页前思维是开放的，你一定会注意到传统华尔街那些方法和技术分析是不充分的。至少你应了解一些更合理的方法，如在价格下降时少投资一些，而要放弃那些传统的“买入并持有”策略——一种由美国经纪公司和共同基金建立的方法。

——劳伦斯·麦克米勒，麦克米勒分析公司(一家衍生产品和货币管理公司)的总裁，也是《期权投资策略》(*Options as a Strategic*)一书的作者。

致谢

在本书写作过程中，我得到了很多人的帮助，我尤其要感谢以下 7 位的帮助：

研究助理：杰里米·周(Jeremy Chew)，理学士，加州大学伯克利分校；劳拉·格拉齐亚诺(Laura Graziano)，理学士，印第安纳大学，MBA，圣克拉拉大学；大卫·卡罗尔(David Carroll)，文学士，加州大学伯克利分校。

统计助理：詹姆斯·王(James Wang)，加州大学伯克利分校主修经济与统计学。

特别助理：克里斯滕·莱曼(Kristen Lehman)，文学士，得克萨斯大学。

金融顾问：韦恩·普赖斯(Wayne Price)，金融导师，加州大学伯克利分校。

编辑：梅丽莎·韩起澜(Melissa Honig)，文学士，加州大学欧文分校，文学硕士，加州州立大学北岭分校。

特别感谢劳伦斯·G.麦克米伦(Lawrence G. McMillan)的序言，在这么多年期权和技术分析的工作中是他屡屡给予了我创新的灵感。还要特别感谢 StockCharts.com 的总裁奇普·安德森(Chip Anderson)，以及 StockCharts.Com 的工作人员。

致谢

[illegible]

[illegible]

[illegible]

[illegible]

[illegible]

[illegible]

前言

除了个别例外，非小说类金融读物的作者主要是博士和该研究领域的金融专家或是叙述自己成功史的行业成功人士。这使我成为一个例外，我非正统的背景，使得我能够以别具一格的眼光看待股票市场的运转，并以书的形式展现出来。

因为我不是全职的教授（我在加州大学的伯克利分校教夜校），不是主流的那部分博士生，也不附属于大学伯克利分校的著名的哈斯商学院。这成了我解决问题的相对优势，我不受限于金融世界里学术的党派之争，发布的内容也不受限制。在我为这本书寻找研究人员时，我和哈斯商学院的一名金融工程（MFE）的应届毕业生交流过，这是一门新的课程，致力于满足华尔街对超级数量分析师不断增长的需求，当他知道本书主流的研究对象包括行为金融和技术分析后，他非常有兴趣和我一起工作，他说在金融工程课程里这些都没有教过，本书的内容和他在学校学的金融规则是相矛盾的。

工商管理硕士（MBA）在华尔街是很常见的，不过他们的学位几乎都是金融。我的第二学位或是最主要的资历是我的 MBA 和我在华尔街的市场营销背景。我研究消费者行为——这在传统金融课程中是没有的。当我 1976 年在 E.F.赫顿（E.F. Hutton）公司开始这种有些非正统的职业时，我肯定自己是当时华尔街上少数市场营销人员中的一个。在当时，还没有营销部门或是内部营销机构。

在赫顿我们遇到的最大挑战就是，快速研发出新的产品来替代客户转向折扣经纪商的损失。这迎来了新产品推出的旋风时代，如现金管理账户、税收减免、上市期权、期货账户托管和付费的理财规划。为了完成这些，我们像那些市场人员一样：我们研究一级市场来找到我们客户的需求(更重要的是，找到他们愿意付费的需求)。在这一过程中，我们第一时间找到投资者心理的变化——他们的认识、他们的想法，他们想从投资中得到什么，他们想从他们的经纪商那得到什么。对于一个市场营销 MBA 来说，投资的世界使我大开眼界，这是一个全新的领域。

我很早就发现用基本面研究来形成实际的投资策略是不充分的，所以，我用技术分析的概念——一种证券分析的方法，它的假设是市场数据可以帮助预测未来的市场趋势。在我的职业生涯中，我广泛地研究价格图表，花大量时间来利用艾略特波浪分析理论等。

我也是一个有执照的投资人，在过去的 33 年时间里，持有一个或更多金融机构的管理头寸，与成百上千的经纪商和个人客户进行交易。我曾经和组合投资经理、共同基金、期权交易者一起工作。因为这些，我们获得了大量的关于人们投资方式的一手经验，然后开始我现在所谓的行为金融的研究。

为什么分享

对于这本书大家可能在想，为什么我不在告知公众之前自己运用趋势分析法来积累大量的财富。这个问题主要有以下几个答案。

首先，这本书并不是具体的操作，不涉及一旦很多人利用就会失效的交易策略或是市场异象，它会使你对市场产生不同的思维方式，然后可以孕育出各种不同的投资策略和交易技术，所以，可以使很多人同时受益；它不是一个快速致富的秘诀，但它可以提高收益，帮助投资者和交易者在市场涨跌周期中更有效地行动，而不是免费的午餐。

第二，与所有新的市场方法一样，质疑之声总是经常存在，然后讨论和解释会延续很多年。在 1971 年，一个里程碑式的研究结论是机构投资者与个人投资者投资业绩差异主要来自于资产配置而不是个股的选择。这个研究对职业投资者的思维和行为产生了深远的影响，并成为后来蓬勃发展的现代投资组合理论的基础。职业投资者花了近 20 年的时间来消化吸收这种思想,直至今日很多个人投资者对此依然不是很熟悉。所以莱曼(Lehman)的趋势假说学术上也已经讨论了几十年了,但我还是希望你们能很好地运用它。

第三,隐瞒这种信息会有碍于我在学术上的提升。在这点上,我愿意分享我的启示,也期望有其他观点和数学技巧的人可以进一步测试、验证、精简,提升这个理论,使之更好。

我选择出书而不是学术文章是因为这样我可以更全面地阐释,以使它可以更广泛地为投资者所熟知。更重要的是,这个理论可以简单地被任何一个人或任何大小的投资组合加以运用。在 401(k)上寻找共同基金建仓的长期投资者可以用,高深的短期投资也可以用。这个技术本身很形象,所以它很容易被人理解,在 StockChatrs.com 网站上我已对外开放了很多年了,而且是可以免费获得的。

绪 论

——从市场营销到市场趋势:投资者行为的顿悟

在 1975 年以前,市场营销这个词在华尔街是没有的。但是,在那一年的 5 月 1 日,经纪商行业被迫进入历史上最快速最剧烈的转型之中。证券交易委员会(SEC)禁止了先前由纽约证券交易所颁布的所有会员公司的固定佣金制度。这对折扣佣金商打开了闸门,同时,也是第一次,华尔街的服务商们开始在价格上竞争。几乎每一个主要的经纪商公司都有客户流入到新的折扣经纪商那里,以至于被迫对剩下的客户降低佣金。这种收入上的损失带来了很大的压力,不仅有通过发展其他服务或产品来产生收入的压力,而且还有寻求市场营销帮助方面的压力。幸运的是,我在 1975 年 5 月,从市场营销工商管理硕士专业毕业,并在纽约寻找工作。

华尔街上的公司不太情愿进入市场营销的世界。在固定佣金制度被废除之后不久,纽约证券交易所以一种真实但令人误解的方式指导其会员公司来迎接市场营销的挑战,它决定自己做一个市场研究的领导者。作为纽约证券交易所雇用的市场营销经理,我的第一份工作就是分析近期纽约证券交易所读物《对投资的公众态度》上的数据——大部分研究是证券部门做的。

这个研究主要是普林斯顿研究机构做的,由对2 000多户家庭的深入访问组成。它调查了居民对投资、金融机构和大量证券产品的认识和态度。这项研究产生的数据实在是太多了。我的任务就是分析数据使之有意义,并向交易所的会员公司报告研究结果。这个工作让我们这一组人花了 1 年多的时间,但最后我们所得知的投资者心态对于华尔街来说就像是科学家见到第一次从月球上带回的岩石那样新奇。

为了有助于数据分析，我得到了市场营销专家托马斯·斯坦利(Thomas Stanley)教授的帮助，他来自纽约州立大学(SUNY)的奥尔巴尼商学院，他主要研究消费者行为如何应用于银行和其他金融机构。后来托马斯和美国纽约州立大学的金融教授威廉·丹科(William Danko)组队一起写了畅销书《邻家的百万富翁：美国人民财富的惊人秘密》。托马斯是现在世界上关于富裕的人如何对待钱财、银行和投资的最著名的专家之一。

我给了托马斯一个开放式的检验数据的委任，这项检验不以证实或推翻任何假说为目的。然后我们验证这些结果对证券行业有什么意义。这种方法使我们对这些数据的利用率最大化。托马斯对数据进行了多元分析，显示了 16 组单独的市场部分，所有都是基于心理因素，而不是人群及相应的特点。换句话说，华尔街将投资者以财富数量分级的短视理论是很天真的。由于投资者的目标、风险水平和对待投资的态度不同使他们区别于其他人，而不仅仅只是他们拥有的财富数量不同。我们总结了这些结论，并向华尔街上许多公司的高级执行官展示。这些原始数据绝对可以让市场营销部门以后 10 年都有的忙碌了。

然而，大部分的意见都没有被采纳，华尔街没有处理它的经验。在我的印象中，关于消费者行为的相关投资分析是在 1978 年开始的，那才是行为金融的真正起点。在此之前，我们称它为金融市场，而且没有人对它加以关注。

艾略特的波浪理论

在 E.F.赫顿当期权联络人的时候，我参加了全美交易冠军的比赛，来检验一下我在期权交易方面的竞争力。出乎意料的是，我是期权行业的第一名，是总冠军比赛的第二名。超过我的那个非职业的人是罗伯特·普莱切特(Robert Prechter)，他以前是美林证券的分析师，他发明了将投资者情绪和市场行为联系起来的理论。华尔街的大部分人都认为他是一个游侠。在 20 世纪 70 年代后期，普莱切特写了一本书，开始发布关于艾略特的波浪理论原则如何应用于股票市场的新闻简报。我致力于艾略特的波浪理论分析，所以，很快就知道普莱切特也在做这件事。华尔街当时并不看好普莱切特，只有当他的观点在市场上发挥作用时才会得到媒体的承认。但是，普莱切特一直坚持我认为很重要的基本分析领域，他称之为社会人格学（Socionomics），而我们现在称之为行为金融。

和其他事情一起，艾略特波浪理论一直引导我关注市场，而不是个股，我渐渐地意识到有些东西在市场水平上发挥作用，使之表现得与个股很不一样。我也同意普莱切特的观点——情绪和市场行为是有联系的，虽然我觉得现在还模糊不清，还不能像艾略特的波浪理论那样被用于实际的投资策略。

新观点

1988年，E.F.赫顿公司被希尔森公司（Shearson）吸收合并。在经历几个市场职位之后，我离开了该领域，开始了自己的期权投资咨询服务，并开始和劳伦斯·麦克米伦合写《备兑认购期权的新观点》（*New Insights on Covered Call Writing*，Bloomberg Press，2003）一书。1970～1980年，对期权实例的过度运用，导致了佣金商和普通公众对期权交易的强烈反感。这使得一代投资者，包括有执照的佣金商并不了解期权，至少备兑认购期权实际上是一种保守的投资策略。同时，通过互联网可以实时报价和执行，这使得公众可以获得期权这种交易工具，并运用这种专业工具对冲市场。

备兑认购期权策略本身是对的，但是，若严格按照所写的备兑认购期权策略的话，组合的表现就高度依赖于股票的挑选。挑选出胜利者同样需要选择出大量股票来实现风险的分散化，以防止那些不能预测的可能会降临在其中一些股票上的灾难。股票研究是很有压力的一件事，当想到要比职业分析师表现更好时我不禁更加感到肩头的重担。同时，基本面研究分析被证明是没有效果的。它不在于是我自己研究还是从他人那里获取信息的。更进一步，在我所认识的人中，他们经常在信息发布前就对一个公司的好消息和坏消息采取行动——这是我所不能比拟的。

备兑认购期权的真实情况是，它在市场是平缓、波动或是下跌阶段表现很好，但在强劲的上涨阶段表现却不好。我知道如果我可以可靠地辨认出什么时候市场处于上涨、下跌或横盘趋势时，就能改进策略。聚焦于市场总体，我意识到总体市场比我研究的任何一个个股都更有规律、更易于预测。股票会受到各种各样的影响，比如显著事件停牌、异象、异动，内部管理者和华尔街分析师的博弈等。但是，我在期权市场上玩了这么些年，使得这些事情对我来说更显而易见，我达到了这种水平，只要看看期权表现我就可以预知将要发生的事。

在重要的信息还没有公布之前提前购买期权的数量是令人惊讶的，为什么这种内幕交易可以公然地继续存在，我不能理解。就像这些年其他华尔街上的犯罪一样，这将继续存在直到足够的可憎，以至于引起某些人的关注而使之监管起来。另一方面，市场也不会受到个股的各种各样的异常行为的影响，市场不会有盈余惊喜。

当考虑市场运动时，我首先会在图表上乱画几条直线，而现在我可以在线找到了。这直线就是趋势通道。趋势通道仅仅解释了部分市场的行为。增加一些我创造的规则就可以解决这个问题。现在它变得有趣了。我画得越多，我发现主要的指数都在我先前画的趋势线和反转线里。通道的准确性使我惊讶。日线、周线，有时甚至以后的月线、指数都会反转回来并准确地触到通过前期高点和低点所画出的趋势线。同时我开始了关于市场行为的全新的观点，一个在金融行业里有趣的现象——交易所交易基金（ETFs）的引进。

当 ETFs 进入了泛市场指数然后扩张到行业部门、新兴市场和反市场指数基金时，它们提供了五花八门的不需要挑选个股的追随市场趋势的方法。一旦期权被引入各种 ETFs，我就可以运用期权来调整策略，对冲或仅仅通过卖出看涨期权来产生收入。这些开始一起到来。

趋势通道顿悟

正如我们所知，顿悟是你神经网络中无关联的节点突然表现出某些显著联系时的惊人运动。展示顿悟的漫画可以是在某人头顶画一个巨大的灯泡。顿悟的特点是，它们是转瞬即逝的，并将前期的直观的观念颠倒过来。在过去的这么多年里，我的小小的顿悟，证实了后者，并以更激烈的方式证实了它。我没有注意到头顶的灯泡，直到它烧掉了我的头发。

有了 ETFs 后，我开始在价格图上画顶与底的连线来追踪简单的趋势线，主要是一些指数的价格图，比如，道—琼斯工业指数、标准普尔 500 指数和纳斯达克 100 指数。第一个顿悟是平衡的趋势线中包含了许多短期或是长期的千回百转的市场行动。第二个顿悟是，一些直观的修改包含了实质上所有的市场行为。第三个顿悟是，在 5 分钟价格图上，趋势线极其有用，几乎每一个瞬间本身都可以识别趋势的变化或修改。这些都是顿悟，但是最重要的顿悟还没有到来。

在交易日通过技术分析来解释市场价格行为和晚上我教授课程上的经典的金融原则是有内在冲突的。这两者不可混淆。刚开始时，我阅读更多的传统金融以期望努力协调这些相反的思想。我阅读了马尔基尔(Malkiel)《漫步华尔街》(*A Random Walk Down Wall Street*)。这本书使我了解了"随机漫步"和相关的有效市场假说，然后，我开始跌入现在称为行为金融的漩涡中。讽刺的是，投资者心理可能会影响市场行为的概念可以追溯到我 1978 年在纽约证券交易所研究的投资者心理的启示和普莱切特的波浪分析。它们都一起来了——各种研究、经典金融的缺点、图表、行为工作，我开始意识到图表会生动地告诉我经典金融所不能告诉我的事。股票市场根本不是"随机漫步"的，它是总体心理和参与者行为的函数，它可以通过价格图表的分析，运用诸如趋势通道分析这样的技术分析来解释。更进一步，如果不是随机的，那么，市场——至少某种程度上——是可以预测的。

行为角度

本书从行为角度解读股票市场，大部分的内容不仅仅从个股的方面编辑，也从市场参与者的角度编辑。这种角度会给投资决策过程增加新的内容,以找到更符合我们的投资策略。这个视角没有被我们的行业和媒体采用。本书所介绍的趋势通道技术是解读市场行为的新方法,并且可以用来提升现存的投资策略或者形成新的投资策略。

我主要以经验来提出这种理论,作为这么多年市场观察和对权益市场的技术分析,同时也是我近 30 年作为金融专家和期权讲师所累积的成果。可能有人会说我的技术没有得到投资管理的证实。当然,你可以自己决定是利用我的理论或是等上 20 年当所有的理论已经为投资界所充分接受时。

实际上,行为金融的所有调查研究都不只是学术界做的。很大一部分内容是通过实际的交易和投资知识来积累的。理查德·塞勒(Richard Thaler)是康奈尔大学的教授,他发表了很多行为金融方面的文章,《行为科学的先进》(塞奇基金会,1993)和《行为金融卷Ⅱ》(塞奇基金会,2005),他承认很多行为金融的论文是由最近毕业的博士生写的,他们缺少行业经验,这会在他们的假设以及结论中暴露出来。最重要的是,行为影响股票价格的事实已经被证实了,但是这些发现几乎没有被用于改变投资策略。我们可能知道得更多,但是我们需要把这些知识运用到投资管理的实践中去。

我的趋势通道分析有时在预测市场行为时产生令人惊讶的准确性,但有时不尽如人意,其他一些则会被证实是错误的信号。这些观察经常需要解释判断。当然,这种分析不是一个从头到尾都完美准确的公式。但是,它仅仅是一个提供了高度有用且有效的工具。扑克牌的玩家不需要通过座位的排序来获胜。他只需要掌握足够多的对自己有利的概率知识。同样,对于投资者和交易者也是如此。

期待

抛开金融书籍里那些各种令人心烦意乱的部分,你可以期待在这本书里学到以下一些内容。

一个引人入胜的观点——股票市场并不是完全随机的——我们总是认为它是随机的——它的行为的某些方式其实是可以用一些参数来解释的。

一种易学的图表技巧，它可以在任何时点、任何周期里形象地告诉你市场在做什么。

一种决定市场趋势变化的方法和在更长的时间里趋势的方向变化。

一种看清混乱、极端市场的本质动向的方法。

定义环境或是选择投资的时间。

这种工具将开发出一种新的交易策略来显著地提高总体的投资收益，不管市场状况如何。

虽然此书包含了构建多种不同的交易方法所需的所有元素；但它并不只是为交易者所写；虽然此书激起了进一步研究和分析的思想，但它不只是学术作品；虽然此书将开阔投资者的视野，以超越其根深蒂固的行业经验，但它也不只为投资专业人士而写。不管投资者的专业、交易专长和学术水平，但它是为任何一个投资者所写。

目　录

CONTENTS

译者序 ………………………………………………………………………… 1

序 ……………………………………………………………………………… 1

致谢 …………………………………………………………………………… 1

前言 …………………………………………………………………………… 1

绪论 …………………………………………………………………………… 1

第一部分　一个什么样的市场

第一章　时机来了 …………………………………………………………… 3

错误的光速信息 ………………………………………………………………… 5

其他分析方法 …………………………………………………………………… 7

趋势通道 ………………………………………………………………………… 9

隐藏在众目睽睽之下 …………………………………………………………… 9

市场告诉我们什么 ……………………………………………………………… 11

第二章　基本面缺陷 ………………………………………………………… 13

传统观点 ………………………………………………………………………… 14

为什么华尔街专用基本面分析? ………………………………………………… 24

基本面分析缺少什么 …………………………………………………………… 27

第三章　主观价值 …………………………………………………………… 31

更加主观的估值方法 …………………………………………………………… 33

主观价值的生命周期观 ………………………………………………………… 39

主观价值定量化…………………………………………………………… 40

第四章 随机有效市场………………………………………………………… 45
有效市场假说…………………………………………………………………… 46
臭名昭著的随机漫步理论…………………………………………………… 49
随机性将带领你到何处？ …………………………………………………… 51
充分有效…………………………………………………………………………… 53
随机漫步中的漏洞……………………………………………………………… 57
股票是随机的，市场不是随机的吗？ ……………………………………… 58

第五章 择时交易 ……………………………………………………………… 60
原谅我的择时交易……………………………………………………………… 63
华尔街不擅长择时交易………………………………………………………… 65
择时交易的风险与回报………………………………………………………… 66
择机配置资产…………………………………………………………………… 68
道—琼斯理论与择时交易……………………………………………………… 70
跟随趋势择时交易……………………………………………………………… 72
把握周期与艾略特波浪理论…………………………………………………… 73
时机选择与投资策略…………………………………………………………… 74

第二部分 行为、行为还是行为

第六章 非金融角度的金融新思维 ………………………………………… 79
市场是关键……………………………………………………………………… 81
行为金融先驱小罗伯特·R.普莱切特………………………………………… 82
内在非理性……………………………………………………………………… 83
善于量化的华尔街……………………………………………………………… 85
非理性的金融学观点…………………………………………………………… 86

第七章 行为金融现象 …… 88
直觉推断 …… 89
结论 …… 108

第八章 金融异象 …… 111
套利 …… 112
其他的一些异象 …… 119
结论 …… 122

第三部分 绘制一条最好的路径

第九章 一种新的市场模式 …… 127
两种价值的解说 …… 129
伪随机 …… 132
获取技术 …… 135
摇摆狗 …… 137
掌握资金管理 …… 139

第十章 趋势通道分析 …… 141
证据在布丁中 …… 149

第十一章 解读趋势线 …… 151
指导方针 …… 152
通道突破 …… 157
重新定义支撑和阻力概念 …… 162
趋势通道分析的优势 …… 163

第十二章 汇总 …… 165
解决牛熊谜题 …… 166
趋势通道分析用法 …… 168

第一部分
一个什么样的市场

第一章　时机来了

“到时候了”，海象说，“咱们来东拉西扯。谈谈靴子、船舶和密封蜡；还有卷心菜和皇帝。”

——路易斯·卡罗尔(Lewis Carroll)

《爱丽丝穿镜奇遇记》

我们不需要听华尔街那帮人说什么，也不需要听学术团体说什么，也不会再被股票市场欺骗。我们需要接受一个真实的市场，并拥有一个全新的视角来解读市场的表现方式，然后据此调整我们的投资战术。

投资界和学术界对股票市场理论争论已久，包括股票市场的年龄和基于各种概念的问题。

投资界内部认为从 50 年前发展而来的流行的公司金融和投资管理原则是不一样的。关于市场的新观点已经产生，但还没有被广泛地传播。

在 1929 年股市大崩盘和后面的大萧条时期，公众对于股票的看法有了全面的改变。国会在 20 世纪 30 年代和 40 年代匆忙立法来管制这个行业，并且保护在这种大灾难中遭受巨大损失的投资者。金融学术界也开始寻找答案并尝试更理性地看待金融市场的表现。在这一时期的大部分智力框架至今仍是完整的。

我们都知道，与 20 世纪 20 年代、30 年代相比现在发生了很多巨大的变化。在那个致命的1929年10月最后一天的交易日里，纽约证券交易所的总成交量达1 000万股。而今天，一只活跃的股票一天就可能有1 000万股！除了股票数量的增加之外金融市场的本质也改变了，因为技术发展可以让更多人通过他们自己的电脑来交易，使得市场成为一个全球化的现象。但是，我们看待股票市场运动的基本思路并没有改变很多。它只是随着所有发生的金融事件而扩宽了：从20世纪50年代到60年代，1987的崩盘、1990年互联网泡沫破灭和其他股票市场所经历的事件。

是时候谈论一些在20世纪有一些卓越的人已经暗示过但没有积极去追求的事了，正如金融学术界所厌恶的事情——关于人性的事。我们要这样看待股票市场：不只看股票，而更重视人的因素，股票市场更由人们的行为导致而不只是金融或经济的因素。这样做会使我们更了解市场的本质和方向，使我们变成一个更有效的参与者。那些不单只从金融视角出发的人，会更有可能提升权益投资的总体收益。

如果我们思考一下，什么使股票市场运动的几十年成为教条，我们都可能会产生怀疑。此书中大部分的例子都来自于投资界或是学术界那些已经开始对股票市场产生新的想法的人。现在有海啸般冲击力的作品来自小部分但不断增长的知名作者、学术人士和金融从业者，他们都是从市场的行为角度分析问题。我致力于此并进一步研究，运用这种新信息来提供一些实际的操作建议。当然，它也受到了主流金融界和很多守旧派的大量的反驳。转变一个将近一个世纪的思维模式并不是一件简单的事情，而转变投资界工作的方法和投资者的思想就更困难了。

要接受本书中的观点，你需要打开思路，什么是股票市场？为什么它这样运动？要转换不同的角度来思考。然而，那不是说建议丢掉传统金融的准则而仅仅数树上的叶子或是占星，而是要增加一种重要的合理的分析，一种至今都没有在学术界和投资界广泛接受的分析方法。如果要意识到这种信息的价值，你就要知道金融市场的障碍和接受被很多投资界人士所拒绝的概念。另外，你要接受大部分学术机构所教授的和金融认证程序可能很全面、很合理地阐述的一些理论,只是角度不同而已。

如果打算接受这个跳跃,你会得到越来越多由无数投资者和学术人士所写的大量研究报告和作品。你会得到使自己投资更便利的新工具,你不需要对个股进行投资分析,使你比大部分的投资人士获利更多。至少,此书会让你对股票投资的视角更开阔,投资更简单。对于你们中的一些,可能不再需要投资顾问,另一些本已经自己管理的人,它会使你执行一个可以比以往更多的投资收益计划。对那些已经拥有这种投资新思想的人,它会使你有可能提高收益,减少风险。

错误的光速信息

股票市场在美国被广泛地错误理解、错误阐释、错误感知。这不是我即兴的言论。过去 30 年个人和职业者的经验,包括大学的教学和执业者水平都一次又一次地证实了这个事实,不仅仅是一般劳动人口,而是受过高等教育的个人,甚至是一些金融行业的专业人士。

理解时请不要混淆信息。技术进步使我们今天可以获得股票及股票市场的大量信息,但具有讽刺意味的是,互联网的弊端已经开始显现。尽管现在有大量实时的在线新闻、信息和交易,但大多数人并没有比以前通过报纸了解信息时更了解股票市场的行为。信息很多,理解却滞后。有一部分已经从信息技术的提高上大量获益,许多人都这么做。然而,令人惊讶的是,拥有信息者和不拥有信息的人之间的鸿沟被有效地扩大了。

事实上,信息已经从缺乏到过度了。研究表明,过量的信息也会阻碍人们做出决定。今天,媒体充斥着大量的固执己见的评论,不可信的信息或抽象的资源,误导性信息由第三方以自私的目的广为传播(例如,你们可以合法地向没有财务资信和对你这个行业没有相关调研的第三方支付报酬,来对你的公司不断发布评论,只要他们在材料中说明其是被付费的即可)。而要将合情合理的金融解释从天真的、未受过教育的猜测或以自我为目的的促销中分离出来可能会让人望而生畏，尤其是当这些声明出自我们信任的来源时。

另外，"Web 2.0"进程使得观众自己也可以发布越来越多的内容。随着博客和其他可以自我发布信息的方式的扩张，你们可能会发现正在读一位被拘7年的重罪犯，或被解雇的要报复以前老板的雇员的金融评论。现在在大众媒体上发布一个金融观点，你唯一需要的就是一台电脑。

对市场波动的失望和对固定市场那些看似与随机漫步不一致的大众产品——通常都是由大公司、交易商、卖空者、对冲基金、银行、甚至是美国政府推动的。遗憾的是，我发现这种投机更多是职业人士而非个人投资者，这使我想到哪种状况更差——他们错了或是可能是对的。

此外，我们国家还有一种尴尬的状况就是允许外行的一些不道德人士信口胡言，而真正行业内的专业人士，那些希望可以使我们更有知识和具有更多信息的人却缄默不语。一个有执业执照的专业人士的推荐列表总是有那么多的参考文献和说明堆砌在上面，整个交流过程经常被自己压垮了。另外，金融机构总是觉得他们说得越少或是对客户教授得越少，他们就越安全，就越不可能被客户说和先前说的不一样而吃官司。同样的，公司高层会因为《萨班斯—奥克斯利法案》(Sarbanes-Oxley Act)的立法可能会受到严厉的处罚而有所收敛。同时，那些无所不知的没有执照的市场人士就可以胡作非为宣扬一些没有经过核实验证，甚至完全没有事实依据的事情。

金融行业里一个特别令人担忧的情况是，有很多经纪人都认为自己是管理货币方面的专家，仅仅是由于他们通过了证券从业考试——但是那个只是大量的规则和规定，却很少涉及如何管理客户的投资组合或是如何做好投资。那些有更高资质的人比如理财规划师和金融分析师对金融原则方面会好很多，但是，要基于他们自身的信念或情绪做出判断也是不容易的。

金融结构中最大的缺陷是除了个别例外，投资专家只负责收集资产或是卖产品给我们而不对我们投资组合的业绩负责。坦率地说，他们都受过训练，被激励着去销售——而不是销售管理。正如艾伦·阿伯尔森在《巴伦周刊》中说的："华尔街的特长是销售而不是分析，甚至是将一个粗略的评审记录作为一个预言,不管是在市场趋势方面还是在个股上,都会得到证实。”所以,只要我们还持有这些资产,他们就可以获利(而当资产升值时,他们每年都会收取更高的费用),他们对我们真正的投资业绩到底如何并不关心,除了确保他们的业绩和其他竞争者的业绩大致差不多,以使我们继续保有资产。在很多时候,金融咨询师不仅是在你刚买资产时有收益,在你这个投资过程中他们都会有报酬,而其实他们本身对投资并没有影响(或会和你偶尔沟通一下)。

不管你喜不喜欢,我们总在一个或另一个的股票大骗局中。即使你不直接拥有股票,你的共同基金、保险公司、大学基金或是退休机构都是这样的。你没有摆脱的方法。本质就是,个人投资者数万亿美元被托付给投资专家,而他们中很多都没有足够的投资经验或并没有提高他们的客户收益的激励。客户们还要负担大量账户的行政管理费和大量日常经营管理费。所以,找一个可以对大部分客户或是所有客户都有用的方法就至关重要了。你可能认为你的咨询师很照顾你的账户,但其实他大部分时间都在管理他人账户或是同时寻找更多资产来管理。

其他分析方法

基本面分析是对价值股屡试不爽的方法。它的变量有预期收益、价格乘数、现值和风险溢价等,这些因素一起决定了股票的内在价值。这种分析方法的逻辑性和科学性是,简单的事实应该就是它本身,基本面分析在决定股票真实价格时是完全没用的。它最多只是提供了纯理论层面上股票或股票市场应该怎样,但是在某一特定的时点上,市场力量(参与者的想法)决定了真实的个股价格。而那些突发奇想是由无数的行为变量带来的,而基本面分析所用的那些变量几乎很少或没有作用。

另外,基本面分析本身也不是一个严谨的科学(如果它是的话,所有的分析师都会得到同样的结果)。而要得到预期收益或股票推荐,前瞻性的估计和大量假设是必需的。我们经常可以看到不同公司的不同分析师在基本面分析上有很大的分歧,有时甚至在同一个公司内部。甚至是分析师自己也承认基本面决定的股票价格是一个移动的目标值,在任何一个时刻股票价格都可能完全不同。

问题在于方程等式算出来的预期价格与真实的市场价格之间的差异会长期存在,而基本面分析师们不能做出解释。结果我们被告知需要接受这种差异,如果你持有股票足够长的期限,这些差异就会在长期趋势中自动消除,并会由于通货膨胀和复利或其他因素而出现向上的偏差。

这样整个投资界都在围绕解释股票真实价格的基本面分析的原则打转。而且,还有大量不可预测的边际效应。更令人讨厌的是基本面分析对于整体市场的估值几乎是无用的。它最多告诉我们一个基于历史平均价格的模糊的价格乘数(第二章里面有更多基本面分析的内容)。

同时,在任一给定的年份里股票价格的变动并不能由基本面变动来解释。例如,在 2006 年,道—琼斯工业指数上升了 16.3%——超过了历史平均水平。同一年,每日指数绝对收益的波动却达到 115.5%。这就意味着,为了要达到一年 16.3%的收益,就需要像一个人骑过山车,上下需要 8 次。在 2007 年,指数上涨了 6.4%,而每日价格波动达 164.4%——比年收益的 25 倍还多。在 2008 年,指数一整年损失了 33.8%,每日波动达 412.2%！这就是买入并持有的投资者每年需要经历的事。

然而,还有一种对投资者的分析是包括了对价格波动的考虑的,它就是技术分析。但是,它仅对华尔街有些用,我(和很多其他人)都觉得它在解释股票市场时几乎可以忽略。如果你认为行为是股票价格波动的因素,那么,技术分析就是如何把行为因素加入你投资策略的方法。

技术分析可能是基本面分析追求者的死对头,但是技术分析被各种类型的交易者广泛而笃信并使用,既包括职业的也包括非职业的。大量的书籍在阐述这一主题,大量的人在使用它,不管仅是技术分析本身还是结合一些各种类型的基本面分析。实际上,甚至是主要经纪商的交易部门都在关注图表，即使他们并不据此来向客户做出推介。

我是技术分析的忠实倡导者，但我承认这并不完全归因于各种可获得的技术。事实上，我必须在完全知道它的价值前改良一下技术分析的方法。由于实际上学术界对技术分析的支撑很少，使得对很多事的阐释都由用户自己去定义；但是，技术分析是现在我们唯一在总体股市上将行为分析包括进去的工具。

趋势通道

这本书里，我会详细介绍趋势通道这种技术分析方法的运用。对我来说，没有一种指标能像趋势通道那样有效，即使其他指标和趋势通道一起用时确实会更有效。重要的是，趋势是受行为因素影响的，并可能是提供从行为角度解析股票市场的少数几种方法之一。

很少有人致力于趋势通道，仅仅是因为它并没有提供持续的、准确的、可靠的过去信息。但是，一旦我修正一下这种技术，我开始注意到那些符合趋势通道的市场运动具有不可思议的准确性——而不仅仅是一种巧合。自此以后，我开始专门用趋势通道来用于市场分析，并在互联网上自由地发布我的见解(在 www.StockChartes.com 的“公共图表列表”部分)。我不断地收到来自世界各地的邮件，他们都说这种技术是非常简单、直观，而投资结果又是那么显著。

隐藏在众目睽睽之下

下面的例子展示了如何运用趋势通道方法来向投资者提供股票市场的全新视角。在 2005 年 3 月份，标准普尔 500 指数(SPX)日间达到1 217.90点的高点。两年半以后，在 2007 年的 7 月 18 日，指数到达日内高点1 555.24点(见表 1.1)。在标准普尔指数(SPX)日价的对数图表上的最高的两点上画一条直线，这条直线包罗了过去 30 个月的日价波动。这条直线，几乎以每年10%增长，近乎股市的长期年化收益率。

在同一时间段，在最低的两点间画一条同样的直线，我们可以连接 2006 年 7 月 18 日的日内低点1 228.45点，和 2007 年 11 月 26 日的日内低点1 406.10点合起来，这两条直线就是所谓的趋势通道。这两条限制性的直线就是在给定时段里指数、股票或其他证券的价格波动。

一旦画好，这两条线几乎是平行的。这就支撑了数学上的事实：这两条线是 99%相关的。这是显著的，而我们都知道股票价格所谓的随机漫步。如果真是随机漫步，那么这两条线如此完美的平行就是一种强大的巧合了。所以我在柏克利大学主修了统计学来帮助测试，类似于这个序列，我们产生了 10 万个模拟数据。测试表明如果数据真的是随机的，这种数据序列导致的两个高点和两个低点在平行线上的概率只有 1.5%。换一种说法，我肯定它不是随机的。这一事实对预测股价具有重要的意义。

不仅如此，在 2007 年 8 月 16 日，第三个高点也触及了上线，2007 年第三个低点准确地触及下线。6 个点，从一个月份到另一个月份，超过 270 天的价格波动，都完美地触及两条平行的趋势线——甚至没有超过趋势线一点点，而是准确地触及。这是属于巧合的概率是无限小的。所以市场真是随机的吗？完全不是。

现在，考虑到市场年均 10%的长期增长，这个数字是正常的或期望收益的代表。但是记住这个指数一直在趋势线里。所以，如果你在 2005 年 1 月买入并持有到 2007 年 7 月，你会实现 27.6%的收益(年化收益率为 11%)。然而，在 2005 年 1 月和 2006 年 7 月间的 19 个月中，指数几乎是平的，但如果你在 2005 年 1 月进入市场，在 2007 年 7 月以后卖出，你将实现 31 个月 13%的总收益(年化收益率为 5%)。

应该注意的是，通道的总体趋势将可以在长期被预期，但是，趋势通道上线与下线间的距离是 200 点左右或者指数的 14%。这样，如果你在趋势通道的高点以后买入，你每年最多收益 11%，最少收益 5%。即使是在最好的情

资料来源：Stockcharts.com。

图 1.1　SPX 2005～2007 年

形下，你也要经历几次趋势内部高达 14％的波动来达到年化 11％的收益。很显然，在趋势通道的下线附近买入在上限附近卖出，你的业绩将有很大的不同。在错误的时点买入你就会损失，即使是在上升趋势里面。另一方面，如果你在 2006 年 7 月的1 225点买入，并在 2007 年 6 月在第一次触及上线时卖出，你会在一年不到的时间里，实现 25％的收益。

很自然，假定我们都有后见之明。但是，如果上线再画得更早一点，而且 2007 年后期的低点触及下线，我们就会发现它是很有用的。事实就是这样，接受行为影响股票价格的观点将会使我们对投资有一个全新的视角，运用趋势通道分析将会使这些新视角运用到投资策略中去。

市场告诉我们什么

各种投资者都感受到了市场 2008～2009 年的混乱，对于很多人都意味着致命的打击，不仅是对于他们的财富，而且还有他们关于传统的买入并持有策略的信心。个人投资者和职业投资者们都试着从这段经历中学到一些东西。

在实际层面，市场告诉投资者，依赖于投资股票的传统智慧并不一定代表他们的最佳利益。然而，他们应该如何看待市场呢？行为金融开始回答这个问题。我们总是受限于贪婪、期望、恐惧和一大堆会影响我们购买行为的人。我们每个人都有差异，但是，专业的做市商和咨询师知道，通过我们的集合行为，我们可以归于一类。而这行为不仅是有特征的还是可以预测的。换句话说，股票投资可以看作消费者行为的另一种形式。

然而，更重要的是市场可以告诉我们它将走向何方。做到这个，我们就需要工具从不同的角度来解释市场，而不是现在大部分机构投资者运用的基本面分析。这就是技术分析，而趋势通道分析是最好用的。

此书致力于从不同的角度来探索性地告诉我们市场是什么。据此，第一部分，我揭露出传统股票市场思维和估值的缺点，第二部分我探索性地从新的行为角度来看待市场，第三部分我提供了一种投资的实际工具，将这种新视角加入进投资策略之中。

第二章　基本面缺陷

我不再是一个致力于运用复杂的技术分析寻找最佳投资机会的倡导者。

——本杰明·格雷厄姆

支撑华尔街的中心支柱是财务分析。公司财务分析使得投资银行家们通过建议公司发行债务或股票，帮助他们评估回购还是私募的投资选择，向市场推荐新证券来收取高昂的咨询费。关于新产品开发的金融分析刺激了成千上万的金融产品的设计，包括衍生品、单位信托基金、有限合伙公司、交易所交易基金(ETF)及其他用于满足市场需求的证券产品。这种财务分析的再打包形式，我们称为股票的基本面研究——分析师推荐个股——提供所谓的全面服务商，他们认为自己有充分的理由收取比折扣经纪商多得多的费用。

很少有人怀疑华尔街的金融专业性。这个行业每年招募新的 MBA 毕业生和金融行业最顶尖大学的学生。他的方法论是广为接受的著名金融法则，这些法则已经用了好几十年，已经被监管机构和会计单位所支持。要注意到，他们的研究已经经历了足够的法律案件使之能够继续传播，尽管伴随着必要的警告、排除中明和免责申明。

很少有人会否认对总体经济持续分析和对产业部门、个别公司的研究的必要性，现在甚至在其他国家的投资机会都来支持管理他们的投资。但是很容易就辩称，证券公司不能有效地避免对它们所售产品的评级与内在利益冲突。更重要的是，基本面研究不能完全解释股票的持续行为，这样作为挑选个股或识别何时买或卖的唯一方法是不充分的。

从金融角度来说，基本面研究是可信的，即使它并不总是一个准确的科学。它根植于广为接受的原则，诸如货币时间价值、现金流折现和风险收益比。分析师们是训练有素的，并且拿着高薪。为此，他们不仅被期望计算出数字，而且还要产生数字后面的附加值，以及提出如何发展的观点和判断，并要获得比从公司管理人员更为客观的观点。但是，最简单的事实是公司基本面提供了对于评估普通股价值的很少的指导性的信息——一部分被投资公众和成千上万的投资机构所大量解释与评估。作为与行为的叠加，它变成股票定价的大致的基准值，并不能够完全解释为什么股票如此运行。分析师会事先指出，这不能解释股票短期价格波动或是支持短期交易。但是，从长期投资视角，基本面分析也不能提供一种创造和管理投资组合的方法，使之超过基准值的均值。

为什么基本面分析有此缺陷？为什么当基本面价值不变时股票价格如此变动？为什么当它们表现很差时，行业会严重依赖基本面？本章节将主要关注这些问题。

传统观点

传统观点是华尔街的标记之一——翼纹鞋子、细条纹西装、皮革的椅子。我回忆起 E.F.赫顿的一位行政管理人员，他被提升为副总裁并从康涅狄格州调到纽约总部。他在巴特莱公园的新办公室是宫殿式的，摆满了狩猎场景的各种油画。鉴于他现在有足够的权力来决定自己办公室的装饰，他换掉了狩猎的画并挂上了航海场景的画。几个月以后，他回到了康涅狄格州，然后狩猎的画又重新挂在了巴特莱公园的办公室墙上。

对华尔街的看法在他们对待公司和股票的分析的方法上表现得最为明

显。分析师们采用大多是在20世纪在财务课程上学到的经考验证明好的方法，并在实际操作中虔诚地运用它。他们分析一个公司的业务链——成本、收入、趋势、新产品和低点、竞争性因素等。他们完全采用财务的测量标准——账面价值、资本结构、各种财务指标——使之与基准值对比。然后，他们决定总体业务将产生的净收益和股票相应的价值。这是过于简单的，重点是基本面的研究只是检查了公司的财务的方方面面，但是，它仅仅是从财务方面出发的。

基本面研究很重要，但即使是分析师自己也知道它并不能确定股价或是投资时机。本杰明·格雷厄姆，我们今天还在用的技术指标之一的创始人就如前面引言里说的，很多年后，他不再对他自己发明的证券分析的过程有信心了。但是，分析师继续使用传统方法，经纪商公司继续兜售他们的研究，欣慰的是没人能够提出比基本面分析更好的方法，所以，他们的结果基本上还是最好的。

各种买入幻影

正如许多其他初次投资者那样，我进入金融世界时天真地认为研究分析就是一把股票致富的钥匙。毕竟，那些职业的研究分析师，有着丰富的金融知识、对行业非常熟悉、与公司的高管有内幕交情，谁能比他们更可能知道股票的当前价值或是潜在的未来风险呢。我甚至差点成了我雇主广告语口号“当E.F.赫顿说时，人们听”的牺牲者。

第一件震惊我的怪事是但凡我买入某股，从没有见到“推荐卖出”的提示。评级充满了各种买入幻影(并不像快餐店里卖的各种大型软饮料)而且总是那样。很明显，经纪商总是推荐人们买入，推荐卖出股票只有当很多人在卖这样的罕见状况下，公司会为了面子而发布卖出评级(毫无疑问，这样他们可免于可能的法律诉讼)。

这种现象到现在也没有改变多少。2008年9月12日那个周五，新闻头条都是关于雷曼兄弟的恐怖困境，雷曼的股价从7个月以前的65美元、4个月以前的45美元、1个月以前的20美元下跌直至收盘于3.65美元。美国财政部官员和可能的收购方召开了周末会议来试图阻止公司进一步下跌。我通过翻阅《华尔街日报》上雷曼兄弟的12日晚上的研究结论发现：

雷曼评级

评级	分析师
Strong Buy	1
买入	1
持有	16
Underperform	0
卖出	0
Total surveyed	18

目标股价为9～71美元，18位分析师给出的股票总体评级为2.79。这就相当于股票评级介于"持有"和"买入"之间。令人吃惊的是股票当前的总体评级比它3个月前的评级更高。股票价格在先前的3个月里下跌了90%，所有的人都知道这个公司处于困境中，但是在华尔街没有一个做出业绩差的评估或卖出推荐，而且分析师的评级还在上升。

有一段时间我在庄严的纽约证券交易所工作。那里的人们对私下传播关于股票的信息并不干涉。一天，我和一位高级主管开会，当时他的手机响了。我可以听得出通话是来自于交易大厅的一位专家。单单就本身而言，这并没有什么不正常的，如果交易大厅里发生了什么需要注意的事情他们经常会被电话通知到。主管对对话的重复使我意识到他们在谈论交易大厅里股价发生的一些不好事情所需要的行动。主管问："我要卖掉吗？"他得到答复，答谢了专家，对我说声抱歉后就打电话给他的佣金商卖掉了2 000股。我猜在华尔街上确实也存在着股票的卖出推荐。

经纪公司本质上几乎都是公众所关注的累积模式。这在他们平时的训练和每天的心态中已经根深蒂固了。他们已经使客户和自己相信，股市长期来看总是上涨的，而没有人能够预测下一次的波动，所以，唯一我们可以做的就是现在买入，以在列车离开站台前坐上这趟列车。你应该现在买股票还是以后再买这并不是一个问题——而买哪只股票才是问题所在。华尔街不相信市场的时机，也没有人用择时的方法。他们不能告诉你今天、明天还是下个月是一个更好的买入时机(本书后面有一章讲市场时机)。他们相信市场在“长期”总是上涨的，因此，只要你现在买入，最终你都会获益。同时，如果你在2000年初买入股票，那你在6年后的2006年初时收益为0，在2008年末的收益也为0。这种“长期”来看的观点真的会让你现在出去买一些股票回来吗?

经纪公司就像一架飞往一个方向的飞机一样，他们只有一个向前的装置，因为他们只有一种挑选股票的方法——但并不知道何时可以买入或卖出。即使他们有方法可以决定何时买入或卖出股票，但要对成千上万个在不同价位买入股票的客户做出精准的买卖时机选择几乎是不可能的。事实上，这就是为什么发布卖出推介是问题重重的。

另一个为什么这么多股票是买入评级的原因是，他们中很多公司都和经纪公司及投资银行有关系。在知道其他原因之前，我知道E.F.赫顿和那么多公司有投资银行关系，所以，那些股票总是评价很高而印象深刻。我发现公司是一个精英银行家，而且也只有最好的私营企业会找赫顿来帮助公开发行。后来，我工作于首次公开发行部门，看到了这个系统如何工作。承诺提供持续的研究是同意公开发行的一部分，全部都是正面推荐，并且保证不仅是对首次公开发行，而且后面会持续有这种偏差。正面研究会帮助出售首次公开发行，并使股票持续向上，经纪人会因此受益。本质上，研究变成了市场的工具而不是客观的评论。经纪商用此来哄骗机构和零售客户的订单。这种交易做得越好接下来就越需要鼓吹股价，然后这个过程就越成功。这(首次公开发行的定价是相对保守的)就会相对保证了交易的成功，并促进了下一次交易的收益，然后再下下次。所有的都是自私自利的。

当然，所有这些都是陈旧的新闻了。专栏作家本·科尔(Ben Cole)2001

年就对华尔街写了一本关于华尔街上分析师的文章，题目为《华尔街上的表演者》(*The Pied Pipers of Wall Street*)，文章里他说，"法律和当前的立法并没有承认现在华尔街不再赞成或是认为有争议的事：今日的华尔街已有半个世纪之久，而且，现在世界已经和证券交易委员会法规的商业环境不一样了。如果一旦独立性成为他们的标志，今日分析师就是投资银行和经纪商的市场部门的有效部分 。"

分析师故事的附言，故意将一个与公司有投资银行关系的公司评级为积极正面是整个华尔街普遍的做法，直到最后由纽约总检察长艾略特·斯皮策(Elliot Spitzer)将其曝光，并在2003年对十大罪犯罚款8.75亿美元。至此，罪犯受到了惩罚，因为他们这种做法太公然了，也因为他们给分析师太多的压力，但这并没有结构性地减少或消除那些有投资银行关系公司的研究报告所存在的正向偏差。

早期的事实甚至是，那些基于可靠且详尽的基本面分析的研究报告，几乎很少解释股票价格的任何波动，除了可能解释为什么股价已经处于正常的上涨中。研究报告公布的时间是有意思的，它可能要制作一周，但其他公司的分析师可能已经发布了一个正向的报告。这就驱使我在回家的火车上与邻座那个在同一个公司销售部的人交流。我看到一些研究报告那天以前就出来了，所以问他是否看到它已面向他的机构客户。他说："当然，我们一周以前就为机构客户买了。"发现机构客户早于单个投资者得到同样的研究报告，对我来说，最终是毫无意义的。我再也不依赖于公开报告来做投资决策了。

你真的可以将今天与20世纪30年代相比吗？

有一些历史能帮助我们准确地看待基本面研究。对于大多是金融行业法律和监管的基础设施，分析师如何评估股票的基本准则可以追溯到20世纪30年代的后危机时代。本杰明·格雷厄姆是哥伦比亚大学商学院的教授，他在1929年的危机中几近出局。在余波中，他开始发明一种能理智地发现股票公允价值的方法。他邀请戴维· 勒费尔·多德(David Lefevre Dodd)加入,他是一位博士而且还是哥伦比亚大学的一位助理研究员,在1934年时他出版了一本叫《证券分析》的书。格雷厄姆和多德提出一种方法来评出股票的金融优势并指出了一整套辨别出低估值股票的方法。这本书是美国金融业的必备书籍之一,25年以后,它仍然是哥伦比亚大学的教科书。

今天我们很难想象信息流在20世纪20～30年代与现在比是怎么样的。缺少可靠的信息,同时信息传播速度很慢都促使20年代的股票市场泡沫化、大量的丑闻和日常操纵,以及后来30年代市场的崩溃。在1929年的大萧条的余波里,格雷厄姆和多德开创了一种评估公司的正规的方法——表面上,它可以发现股票的真实价值,并防止出价过高,其实它增加了风险并最终可能导致另一场崩溃。他们提倡找出那些市盈率低于历史水平,高股息收益,并且市场价值低于账面价值的股票。他们也还要看总债务少于账面价值,流动比率高于2,收益增长率在过去的10年中至少达7%,并且10年中不多于2年的收益下降超过5%。

要记住这些标准都是随着市场环境的变化而来的,过去与现在相比就如同用马拉的小车与现在的装备计算机精准控制的引擎、自动的导航系统的车相比。他们极端保守,在后面的疯狂估值导致了更大的市场破灭。然而,有人指出沃伦·巴菲特的成功,他是知名的格雷厄姆和多德的信徒,证明了技术指标的成功,但作者本身却并不这么认为。1925～1935年,格雷厄姆联合账户年均收益达6%,而标准普尔500工业指数是5.8%。1945～1956年格雷厄姆—尼尔曼公司(Graham-Newman Corp.)平均收益率达15.3%,而同一时期标准普尔指数达18.3%。但是,格雷厄姆技术分析确实波动更少,收入也比所有分析中的明星产品的收益要少。在1940年出版的书中,格雷厄姆和多德承认:"我们的研究对确定投资标准的普通投资者而言更能产生一种警示的作用而不是具体的推荐。我们要遵守旧准则,那就是投资者应该等待时机,等到商业和市场不景气时去买入普通股的代表性股票,因为他不可能在其他时候获得这种价位,其他时候的价位都可能使他以后后悔。"这是一段用基本面分析作为股票投资的唯一标准的意义深远的评论，出自两位最重要的技术分析人物。

今天的证券市场，玩家及交易工具和20世纪30年代已经完全不一样了。数以千万的新闻和信息同时发出。交易执行以秒来计时。每天的交易量是以前的几千倍。总体来说，现在是一个完全不一样的世界。同时，尽管我们仍依赖基本面分析，但也还有大量的职业分析师们和许多私人和机构的投资者们始终运用技术分析作为日常的基础——排除掉几乎任何其他方法。

内在价值：金融圣杯

基本面研究的最终目的是要找出股票投资的价值。它通过尝试计算出它的公允价值或内在价值，这是由未来潜在的收益决定的。理论上，有了内在价值，当股票市价比内在价值低很多时，公司或投资经理就会推荐买入股票，或是当市价高于内在价值时推荐卖出。假定是公司或是经理可以发现这种未来股价并没有很好地在今天得到正确的估价而产生收益的机会。事实上，正如你所知道的，事实与这种假设还相差很远。

理想地，股票的内在价值也会像一辆二手车的公布的账面价值一样波动，这是雷斯·卡利(Les Kelly)提出来的。在卡利蓝皮书(Kelly Blue Book)中的人们，买了一辆新车并在车的有效使用年限里折旧来决定这辆车在它的每一年中值多少。他们甚至计算大致的行驶里程数和汽车的状况和你所拥有的各种选择权。卡利这本书的价值已经可以在互联网上找到了，所以，当你想买一辆二手车时，你可以获得这辆车价格应该是多少的信息。实际上，你可能支付的多一点或少一点，这取决于可得性、相似性和当时的供给与需求。当汽油价达到4.5美元每加仑时，一辆二手普锐斯可能卖得比账面价值高很多，但是育空河(Yukon)可能会便宜些。股票的内在价值，比账面价值更复杂、变动更大。

股票的内在价值是一个纯理论的概念。你没有办法查阅任何依据，在任何时候都没有办法知道分析师向你推荐的任何一个价格是否是股票的内在价值。事实上，你不会从各个分析师那得到同样的内在价值，因为计算使用了不同的方法和假设。你可以走过场似的决定你所认为的内在价值，但是不要期望你得出的价值会接近真实价值。

基本面分析和内在价值思想是很有逻辑性的，没有缺少其他任何东西，所以，很容易过度依赖它们。一个分析师分析了公司的现有业务并评估了它的财务前景、风险和机会，并把未来收益折现为现值。所以，我们会说一个分析师认为股票现值 18 美元每股，这一会计年度的收益预期是 1.25 美元每股。股票应在行业典型的市盈率为 20 时卖掉，分析师预测那时股价为 25 美元(至少在这些收益实现时)。如果你 18 美元买入，就可能潜在收益 39%(减去交易成本和税收)，在分析师所说的内在价值时卖出。这在多数时候很自然地超过平均收益，假设这只股票并不包含任何超常风险。在最简单的模式里，股票基本面研究的本质在于，25 美元的预测股价是分析师对内在价值的估计。

表面上，你很容易受到这个看上去很吸引人的状况的影响，尤其是当伴随着分析师 10 页的报告来证实这个结论和充满激情的佣金商的努力说服。确实，如果这真的是低于市价在卖出，那么你在非常短的时间里能获得可观的利润。在 20 世纪 70 年代，我的房东迈克尔(Michael)先生有一个病人是寡妇，他问她是否可以帮她出售那已故丈夫所留下的那辆在她车库里已经积满灰尘的 1943 年的劳斯莱斯。那寡妇提出11 000美元的报价和另外2 000美元的修理清洁费，而他自己最终总共获得了30 000美元。境况不好时，我们会想也许在股票市场也可以发现类似的交易，但事实上很少出现。对于那些并不了解真正价值的人来说他们所持有的股票是没有任何秘密的。决定 1943 年的劳斯莱斯的价值可能仅仅需要打几个电话，但是，这并不能复制在股票上。不幸的是，我们看到无数股票的收益像劳斯莱斯一样，只需几天或几周，但我们对这种很容易赚到手的钱却只能看着干着急。像这种状况确实会发生，但是，你很少会发现是分析师通过基本面分析得到的。即使分析师发现了一只有潜在超额收益的股票，你也只会是同时读到这份报告的成千上万个人中的一个。

当把窗帘拉到一边来看清分析师的金融巫术时，我们会发现在决定股价内在价值这一复杂问题上漏洞百出。这个在决定债券价格上可能是有效的。知道现在的利率水平，债券的面值和到期时间，发行者的信用风险，你可以很简单地决定任一标准债券的价值，而且市场价值会很接近于你计算出的这个值。独立评级机构(如穆迪和标准普尔)会评估债券发行人的信用风险，那你可以减少一些公司计算的任务了。但是，股票确实是另外一回事了。

分析师要决定股票价值就必须延伸金融原则到极致。他们可能如同债券定价那样出发——确定期望支付的现金流并把它折现到现值。但是，实际上股票并不把它的全部收益以股息的方式支付掉，甚至那些支付掉的部分也只是收入的一小部分而已。这样分析师在决定公司的内部收益率时就很复杂，因为它是基于再投资的净收益而不是支付给股东的收益。所以首先是要确定股票的净收益现金流的问题。当然，股票并没有固定的到期日，所以现金流是无限的。但是财务模型不是无限的。另外，公司的现金流是不规则的，甚至有时还是负的。通过确定分析还带有一丝准确性的现金流，最多你也只能预测 1～3 年。再多的话，我们必须承认它就是近似估计或完全猜测的了。一旦收益确定下来，分析师就需要用他或她的判断来分配那些看似合适的收益的乘数了，并给同样股票的收益一个平均的乘数。这需要分析师做巨大的计算量，尤其是因为价格乘数是由市场而不是由公式决定，而且乘数一直在变化中。这些和其他一些因素使得股票的准确估值就像计算地球到遥远太阳系中其他星球的距离一样困难。

确定大多数股票的内在价值的最重要的一步就是估计它的未来收益。这个估计会变动很大，决定于是谁分析的。确定一个收益时，一般是在宏观水平——意思是分析师拿到现在的收益水平然后看看主要的影响因素，那些肯定会影响未来收益的数字(像新产品、成本趋势、总体市场需求、经济因素等)。分析师并不总是可以对公司的每一条生产线和所有可能的成本问题进行自下而上的分析。甚至公司里最好的内部决策人员要完成这个也是充满了挑战的。

当我在很多小公司当高级行政人员甚至是内部人时，我都觉得做这些预测很有挑战，我可能只是对未来一年的收益比较有把握——绝对少于3～5年。你并不可能获得你所需要的所有信息。甚至是内部人，信息也是很难得到的，尤其还是关于未来的。预测未来的收益取决于大量的因素：经济变量、市场营销变量、竞争者的行为、新产品的接受度、新产品推出时机、市场营销计划的有效性、市场营销支出的费用、客户忠诚度、可得新客户、生产的问题、运输问题、行政或员工的流失率，还有一大堆不可预测的事情。如果内部都很难预测，可想而知对外部的分析师来说是多么具有挑战性的一件事啊！

其他一些使分析师苦恼的复杂问题有：

没有一种单一的对所有分析师对所有公司都可以采用的确定内在价值的方法。用任何一种方法来评估公司都会相差很大。经常使用的方法至少有6种。有一些更适合有很强的稳定收益的成熟的公司，其他一些更适合收益不稳定但是有大量贵重的固定资产的公司。还有些适合高增长的还没有任何收益的模型。对同样一个公司，估价方法随着时间很容易变动，而且多种方法的结果经常会汇总得到这个公司并不能简单地属于某一个类别。

价值是相对的。收益乘数随意地与同一行业的其他公司相比，或没有考虑到行业乘数会随时间变化或整个行业可能低估或高估就与同样的商业模式相比。

很多公司有很多不同的商业部门。每一个都可能属于不同的行业，需要不同的估值方法。大型上市公司可能有成千上万种不同的产品或者不同的门店地址。分析师不能期望所有这些都可以相互比较。

分析公司时，对管理人员变动、新科技和新的商业模式的经济效应，分析师都需要作出个人判断。

计算股票内在价值的因素并不总是不断变化的。但是，市场上的股价是一直变化的。因此，基本面分析最多只能作为股票在市场上应该出售的大致价格。众所周知，股票应该在某个价位上交易根本是不重要的，重要的是当你想买或想卖的时候它的真实交易价格。基本面分析是一种不能解释股价回转的方法，这种波动经常被解释为由暂时因素(如信息不足的投资者)所产生的不可预测的“噪音”。基本面的提倡者认为噪音会彼此抵消，最终股价趋向于回到它们的市场价值。但“最终”并没有时间限制，请记住，这可能是很多年后。

由于股价波动是不可避免的事实，股票也会发生很多偶然的事件，分析师必须对这些因素都进行判断。接受这种金融实践，承认不可预测的因素会发生，并分散化我们所持有的头寸使我们的组合在统计上的正额外收益与负额外收益一样多。这就取消了这些偶然事件的净效益，使我们更有可能实现平均的长期期望收益。如果你不这么做，我们有公式来预期分散化和波动性的大小。一旦跟随传统智慧并分散我们的投资，我们更能实现市场的长期收益，虽然我们所交的管理费用也减少了。这么说来，基本面方法并不足够，除了能与主要市场的长期收益相同之外，并不能使我们长期生存下来。

为什么华尔街专用基本面分析？

如果你还没有渐渐明白这点，证券行业的目标并不是使你更富有，就像快餐行业的目的并不是要帮助你有一个更健康的饮食。它只是交易和分配证券产品来收取金融与投资建议的费用。如果你去查看一下大型佣金商的最大收入来源，你会发现他们目标的一大部分就是以保证金的形式借钱给你，使你可以买更多的证券，并为他们自己的账户交易。他们赢利的目的并不是要使你富有，这也不是你的经纪人的使命。只要你依然还在经纪商公司，它就可以通过交易费用、销售费用、涨价、保证金利差或投资管理费用来赚钱。公司当然也希望你可以赚到钱，这样就会增加你留存下来的概率，但是，最大化你的财富并不是他们的首要目标。

几十年来，华尔街对公众的商业模式都是出售股票并赚取佣金。不管他们传授给你多少经验，没有出售就没有佣金。那些被雇用为佣金经纪商的人并不是金融专家,他们只是学会了销售——他们是有足够金融知识通过执业考试的销售人员。当我早期在华尔街寻找工作的时候,一些公司拒绝我作为一个执业的经纪人,因为我有 MBA 学位。他们说如果在过去两年里我卖过车的话,我更有可能成为一个经纪人。

自那以后华尔街成长起来,并开始了作为资产管理者的长期再投资过程,但是这种转变并不是完全的,几十年以来的心态依然存在。这种心态存在的基础就是基本面研究是唯一一种任何人都可以知道哪种股票可以买的理论。研究并不是你的经纪人所创造的私有财产,其他人都没有,本质上,它只是一种市场的工具。

经纪商们支持基本面研究的另外一个原因是,基本面研究得到普通的公众、监管机构、学术界、法律界的支持,当你尝试着推荐给成千上万的客户时那种支持是最重要的。华尔街需要一种方法来管理它的整个客户基础——一种持续的并可以一致执行的方法。在证券行业有两种主要的商业模式:交易导向型的商业模式,经纪人只能在你买入或卖出时收到佣金;持续的资产管理型,只要你的资产由专业人士管理你就需要交费。基本面研究很好地支持了这两种商业模式。交易导向型的佣金商用它来诱使你买卖股票。资产管理者用它来代表你买入股票,构建投资组合。

因为基本面研究得到了组织者的支持,它是最安全的道路。只要公司采用这种方法,他们就会在公众接受的保护伞之下,而不管推荐的结果是正确的、错误的还是中庸的。在投资界中维持一种持续的方法来评估股票和维持对公众的持续信息是非常重要的。采用一种“已接受”的方法来分析股票,对于佣金商和资金管理公司来说是安全的做法。

组合投资经理告诉我的另一个重要的原因是,对于管理资金的任何一个人或公司来说,做错的风险远大于需要与众不同的风险。因为投资管理本身就是这样一种需要展现出持续性的商品服务。能有过人表现很好,但是并不必须要成功。必须要有的是客户基础。只要你持续保持在平均基准值附近,你就能留住你的客户,即便他们亏了。换句话说,他们有很大的激励来维持持续的表现，即使它是中庸的，只要它在平均值附近，当风险很大时，几乎没有激励来尝试实现比均值更高的收益。这样，对于一个投资组合经理或是一个投资公司几乎就没有理由走出已经广为接受的投资分析管理准则。对冲基金就是一个例外，尤其是当它开创了另外一条有别于传统公众基金的道路。但是，它们在法律上只适合于高净值客户和机构，现在经常会被问到它们是不是比传统基金业绩好很多，虽然它们有更高的管理费用。

投资管理的赞成者认为他们的操作至多保证产生与市场平均相等的收益，而且随着时间的推移，这些收益会更为普通。他们认为会有一些下跌年份，一些涨跌平衡的年份，但是不管这些阶段如何组成一个组合，我们知道其他的佣金商和投资组合经理都是一样的，因为他们可以保有大部分客户，因为这是“市场的错误”而不是他们的。市场肯定不知道这些事实。我想不到其他会有如此大范围错误的职业(除了可能的政治因素)。

分析师和他们的公司通过反复说一些话以致公众渐渐相信了这个事实，从而保护了他们的技术。例如，他们会说长期的股权投资总是有价值的，能够成功度过下降的趋势最终是归功于他们的耐心。当然，他们总是有能力设计出一些统计数据，让你觉得他们一直是遵循或者击败标准普尔指数的，或者是其他一些能够进行比较的指数。这对短期资本经营者来说是不准确的。在此期间，你的收入在扣除费用和税收后就只剩一点点，但是市场却在剧烈变化着，可能会在一周内就能使你达到一年的收益目标，同样也可能一周内失去一年的收益。整整这一年，市场都是遵循这个路径重复着的。

空头分析师(在经纪公司的)和多头分析师(在机构投资组织的)继续进行着每天的基本面分析，他们利用在大学里学到的财务指标并且运用它们，这些分析师摒弃了几乎所有其他的方法。隐藏在这种普遍存在的行为中的基本前提是基本面分析是唯一被接受用来估值股票和股票组合管理的方法，和它被证明是无效的一样。

基本面分析虽然像起始点一样重要，但是它不能用来分析股票的行为，只能依靠它获得长期综合平均市场收益率。一旦股票在二级市场上进行交易，其他很多现象也会随之出现。其他因素很明显会产生作用。华尔街的分析师们是明白这些的，但是并不会考虑这些非金融变量。相反地，他们通过挖掘其本质来使旧的技术分析作为唯一被认可的方法，并申明其他的因素都只是一些难以辨认的噪音。我想大部分人都知道那些其他因素是什么。

基本面分析缺少什么？

基本面分析并不是天生就是错误的，当然除非进行了错误的假设，或者是利用了错误的数据。从金融的角度来看，基本面分析是你能利用的比较全面的分析过程。由于基本面数据最多也是一个月或者一个季度测量一次，即使是财务奇才也很难每天都发现一些被忽略了的基本面数据，或者挖掘出价格和其他基本面因素之间令人费解的关系，从而解释股票价格每天的变化。这是因为有其他的一些非财务因素在影响着股票在公开市场上的价格。这并不奇怪。其实，这些因素长期以来都在发挥着作用，虽然它们很难被测量和量化。在其他的市场中这些因素是很常见的，并且已经被讨论了数十年。

股票的基本面分析中缺少了人的因素。这里的人不是指公司的雇用人员，而是指买卖公司股票的人，比如你、我、哈利叔叔、交易者、经纪人、投资组合经理人、货币经理人、共同基金和对冲基金经理人，以及其他的数百万人。当我们在买卖股票时会运用金融逻辑方法，但是我们也不能忽略了情绪和偏见在决策中所产生的影响。可以肯定的是股票市场有其独特的特点，但尽管如此，它仍是一个包含了买方和卖方的市场。所以，股票价格必定会受到市场上活跃交易者的行为和心理特征的影响，无论是为他人交易还是为自己交易。一旦公司公开发行了股票，股票的价格就会受到供需的影响而上涨或下跌。既然考虑到了供需因素，那么人的行为因素也就不可避免会被考虑进来，公司的基本面对股票价格的影响相对来说也就减弱了。

记住了这一点，我们现在可以探究在公司的基本面情况没有很大变化的情况下，股票价格为什么仍然会发生大幅度的波动：

内含价值的不确定性。确定或者近似估计内含价值本身就是很困难的。就如在前面章节中所讨论的一样，在任何一个时点上，内含价值都不是一个绝对的量。如果一定要给出一个答案的话，只能是一个区间(很多分析师实际中也是这么来确定内含价值的)。如果大部分的投资者都认为 XYZ 的价值在 35～40，那么我们就会假设股票的价格在逻辑上会根据供需的变化在 35～40 变动。

投机因素。由于投资股票是如此的方便，市场的流动性很强，股票成了很多人的投机工具，无论是散户还是专业人员。为了在较短的时间内通过投机盈利，我会选择严格遵守买卖规则。如果认为投机行为不会加剧股票价格的波动，那么，你就太天真了。2004～2005 年，房地产市场热火朝天，那些从来不投资房地产的人也抽出资金买了第二套房，甚至第三套房，他们想在不远的将来能够得到可观的收益。他们认为价格会按照他们对未来的盈利预期走，而不是利用更显著的方法来预测未来的价格走势。这种情况在单个股票中每天都在发生。大部分人都期望他们买的股票能够呈现成交量放大的上涨。类似地，也有很多人在等着股票下跌，这样他们就可以通过快速交易买到廉价的股票。换句话说，有如此多的人利用如此多的方法进行着股票交易，那么股票价格在公司基本面基本保持不变的情况下仍然发生着剧烈波动也就不足为奇了。

预期的影响。每个人都知道，如果你想在股票市场中快速赚钱，那么仅仅依靠那些已公布的信息是不够的，还需要预期。预期已经成为股票交易中特有的一项因素，它更多的是依赖于人，而不是其他的一些东西。如果预期了错误的信息，就会扰乱交易，必定造成股票价格的波动。

心理战术。市场参与者总是不停地猜测其他市场参与者的行为以决定股票价格的走向。这会导致各种各样的相反倾向，我称它为心理战术。除了新闻和谣言外，参与者还很容易被市场本身的活动所影响。很多人总是认为其他参与者会比自己知道的信息多。这种行为会向其他人发出各种各样对的和错的信息。例如，一辆车的价格低于正常价格，那么就会有大量的买家快速涌入竞价。但是,一只股票的价格相对较低也可以解释为一个危险的信号。这可能意味着其他人知道了你所不知道的信息,并且在大量地卖出股票。按照这种解释,一些买家就会把相对较低的价格看作是负面信号,而不是正面的。这些导致股票市场是如此的独特,并且波动得更厉害(这在后面会被解释为行为因素,并且在第七章中会进行详细的解释)。

新闻报道。媒体会以其独特的方式影响着金融市场。这里有一个典型的案例。在 2008 年 4 月 16 日,《华尔街日报》上出现了以下三条标题:

J.P.摩根的盈利下滑,预期会有进一步下滑的压力

由于信贷损失激增,富国银行净利润下降 11%

J.P.摩根和富国银行的季度报告好于预期,提升市场人气,股票价格回升

以上三条新闻都是真实的,但是你不得不通过阅读这些文章来发现为什么会存在这些异常的现象。在当今,新闻内容被如此广泛地预期,以至于一旦被报道,它的效果不仅会突减,而且还会违反直觉。以上两家公司的盈利损失无疑是坏消息,但是,这个结果已经被广泛地预期到了,并且毫无疑问地已经反映到了股票的价格中,当这个消息被确切地公布,并且发现比预期的要好,那么这则消息就会有反效果,股价快速地回升。华尔街有句古老的谚语:根据谣言买,根据真实的新闻报道卖。这句谚语在今天能很好地得到证实。

市场情绪。很多人将会意识到股票市场本身是伴随着投资者的心情与情绪波动的。我们能够很容易观察到,当有重要的信息与经济有关时,如自然灾害或者地缘政治冲突等,整个股票市场的情绪随之就会呈现出高涨或低落的状态,这不是由特定的公司或行业所决定的。就像上涨或下降的趋势,它会使大多数股票价格跟着一起同方向移动。我们有很好的理由相信,这种综合的影响是一直存在的,并且在一些特定的日子里会更加明显(第七章会详细介绍)。

除了第一条之外,所有的这些因素都是非财务的,是与市场参与者对股票的感觉和反应所决定的,而不是股票的基本面信息的改变。20 世纪中期

的股票战略和金融杰出人物的大量思想对于人类行为和心理发展都是重要的因素，不论是好还是坏，它们使得基本面分析对过去的股票价格不产生影响。今天，研究人的因素对股票的价格产生影响的理论被称作行为金融学，而且有越来越多的研究来支持这一理论。

注释：

1. “Benjamin Graham：The Father of Security Analysis，”Available online at http://www.afterquotes.com/great/people/ben-graham/index.htm.

2. Wall Street Fournal Online，Company Research，Analysts Ratings，September 12，2008（sourced from First Call/Thompson Financial）.

3. Benjamin Mark Cole, The Pied Pipers of Wall Street（New York：Bloomberg Press，2001），p.xiii.

4. Securities and Exchange Commission. Press release，April 28，2003.

5. Benjamin Graham and David L. Dodd，Security Analysis，1940 edition，p.16.

第三章　主观价值

人们不会对整个投资周期的收益率进行超常的长期预测，而是根据常规的估值基础，比公众提前一小段时间预测收益率会发生的变化。

——约翰·梅纳德·凯恩斯(John Maynard Keynes)

如果基本面分析本身不能为股票由于市场而导致的价格变化进行很好的估值，那么我们就需要采取不同的方法来为股票价格进行估值。其中一种就包含了行为对价值的重要影响。这一章将介绍一种将基本经济分析与行为这种主观因素相结合的股票估值方法。

做市商和广告商花费大量的时间和金钱使他们的公司和产品在我们的脑海中留下深刻的印象。他们为了能够区别于他们的竞争者，甚至尽力挖掘了那些最细微的差别。他们利用标语、图像、名人效应，甚至是特殊的颜色来使消费者加深影响，使消费者能够下意识地倾向于选择他们的产品。如果认为当我们作为一名投资者在买股票时能够不受其他一切外界因素的影响而单纯地只考虑财务因素，那么我们就忽略了一个基本的且已经被反复证实了的人类行为因素的影响：广告对我们的影响已经超出了我们的想象，而且我们很难摒除这些影响。

这并不意味着我们就不考虑财务因素或者股票的投资机会了，而是要告诉我们还有一些没有意识到的影响因素存在着。如果问人们为什么要买这些股票,你将会得到许许多多不同的答案。很多个人投资者甚至可能不知道他们所买股票的预期收益率和股票的价格乘数。经纪商数十年来已经得出经验,一般人都是凭感觉和那些所谓的重要的“故事”来买股票的。如果有人与经纪人接触,那么,他肯定多多少少听到过以下的话:“这个公司是首要的收购候选人”,“公司的内部人员已经买了大量的股票了”,“公司在业务方面将会是最大的赢家”,“公司股票价格下跌的唯一原因是整个市场低迷”,“公司将要研发出许多新产品”,“公司已经签了很多大的新合约,盈利能力也将因此提高”,“公司将在中国开发新业务”,类似的话还有很多很多。经纪人往往有一些数据来支持他们所说的,但是,这些数据只是从别处照搬照抄过来的,这些数据和他们所论述的内容还有待证实。当我们在买这家公司的股票时,经纪人的这些话已经深深地印刻在我们的脑海里,并且影响着我们的决策,不论这些内容有没有得到证实。

作为一名经纪人,我一直都面临着这个问题。早在 20 世纪 80 年代,我们进行了一项投资活动,投资对象是一家有限合伙制企业,叫作银幕合作社(Silver Screen Partners)。它与迪士尼公司(Walt Disney Company)合作制作了 5 部电影。投资者提供资金,迪士尼制作电影,获得的收益进行分摊,虽然投资者只得到了固定收益的 7%左右,超常收益部分也只得到了很微小的份额。如果你读了合同的细则,你会发现即使这部电影获得了非常大的成功,迪士尼公司和电影的核心职员将得到绝大部分的收益,即使不是全部。迪士尼公司不保证在电影没能最终制作完成或票房惨败的情况下投资者能够赚到钱。换句话说,投资者永远都不可能成为最大的赢家,如果 5 部电影没有全部获得成功,那么投资者得到的收益很可能低于 7%。到了那个时候,这种合约明显是不平等的,但是,合作社的股票仍然很畅销。事实证明,电影拍出来了,并且获得了很大的成功。当电影上映以后,合作社回收了所有的投资资金,并且得到了相应的利息。虽然电影获得了很大的成功,但是,投资者却没有赚到很多钱。既然电影制作有很大的风险,收益又包含了很大的不确定性,那为什么合作社的股票还能被卖得这么畅销?原因就是迪士尼公司的支持对投资者造成了很大的诱惑。

投资“概念”的影响不仅仅局限于没受过教育的小投资者。在伯纳德·麦道夫(Bernard Madoff)事件中,根据情绪进行投资,缺少综合分析的现象渐渐浮出水面。成千上万比较精明的个人投资者和经理人、银行及其他职业经理人投资麦道夫数十亿美元,而投资理由仅仅是没有得到证实的稳定双倍收益率和麦道夫在这个行业中所创造出的形象。其实,他的投资方法是有瑕疵的,而且完全是虚构出来的,只是通过他的包装增加了一层神秘色彩,看起来好像是独一无二并且很难被模仿的。我认为加州大学伯克利分校的任何一名学生都能找出麦道夫的可转换价差套利方法论中的漏洞。那为什么还有那么多聪明的人(包括那些拥有执照的职业经理人)会被卷进这场骗局?主要原因还是在投资中过分依赖于自身的情绪的感觉。

由于它们的营利性质,公司的商业运营和股票主要是从经济角度来估值的,也就是从预期经济利润(如净收益)、收益的不确定性与风险的角度来确定当前的价格的合理性。然而,不论好坏,这并不影响大多数投资人,甚至是专业投资人员评价股票的方法。我们趋向于将投资决策过程简化为几个关键的步骤,计算也是简化到在我们大脑里就能运行。所以,虽然一种经济估值法从部分的角度来看是合理的,但是它并不能从所有市场参与者的角度来证明这一单一价格是合理的。在下文中,我们将说明基本面分析法存在的主要问题。它并没有考虑人为主观因素对股票价格的影响。

更加主观的估值方法

股票的定价中包含有主观因素,就像人们买的所有其他商品一样。投资者和分析师都会将这种主观因素带入它们的估值中。人与人之间,不同的股票之间,这种主观因素的影响是存在着很大的差异的,它能发展成为极端的情况,例如有关互联网和生物技术的股票,它也可能会产生负面的影响,例如当股票的价格低于其经济价值时,该公司会回购股票,或者其他公司会将其全部收购。记住，股票的经济价值并不是绝对的，不同的人会有不同的估值结果。

根据一般的规律，我们能够确定一个令人信服的基本经济价值。从这些规律中，我们能够得出一个标准化现值估计技术，它能够使分析师在估值时尽可能地不被主观所影响。然后我们就能把市场价格超过基本经济价值的部分看作是受主观因素影响而造成的。从本质上看，股票的市场价格应该近似于分析师们最近计算出来的内含价值，前提是分析师们没有假定市场膨胀的市盈率。在这种情况下，上市公司的基本经济价值将被减少到小公司或非上市公司的价值水平（后面会详细讨论）。在这些准则下，对大多数公司来说，主观因素部分很有可能会大大超过基本经济价值。

主观因素很有可能会使股票的基本价值增加很多，尽管传统的观点认为按市场价格交易的公司更有效（接近于内含价值），因为流动性增加了。所有公开交易的股票的溢价部分包括了以下的主观因素：

- 持续经营溢价；
- 便利性溢价；
- 流行的溢价；
- 预期效应溢价。

持续经营溢价

溢价中的其中一部分的形成可以追溯到公司刚创立的时期。在每个公司的初创期，都需要有大量的投资（包括时间和金钱），从而转变成能够自我维持运行的业务。初始投资者承担了由于公司运行失败而造成的所有损失风险，但是如果公司一旦运行成功，那么初始投资者通过卖掉他们的股份，可以得到丰厚的“持续经营溢价”。这一部分可以看作是风险资本的基本保费，投资者资本化的最有效途径就是使公司上市，因为这样就可以通过让公众买公司的股票来支付这部分持续经营溢价。这部分溢价维持了公司的价值、业务的运行，公司的价值会大于其净资产，直到业务停止。

当在二级市场上买股票时，我们就支付了这部分溢价，因为这已经包含在价格当中。我们之所以愿意买，是因为相信当把股票卖出时，其价值是能够实现的。我们把这看作是股票预期收益率乘数；习惯于考虑在公司持续经营的假设下，根据下一年(或者下一个季度)实现预期收益的概率来决定乘数的大小。分析师们不会考虑公司什么时候会不存在，消失的概率有多少(除非股票的价格已经跌到只剩下几美分或者公司即将破产)。无论公司离破产有多远，由于忽略了股票会消失的可能性，我们将会承担额外的风险。在公司的业务年复一年正常运行的情况下，这种风险可能是极其小的，但是，对于有些股票[如安然(Enron)、世界通讯(World Com)、贝尔斯登(Bear Stearns)、通用汽车(General Motors)、美林(Merrill Lynch)和克莱斯勒(Chrysler)]的持有者来说，这种风险还是要考虑的。在二级市场上买入股票的投资者不仅要承受由于盈利下降而产生的正常风险，而且还要承担损失持续经营溢价的风险。

我们总是认为公司一旦成立，那么，破产和清算的概率非常小而不值得我们去考虑，但是在公司的艰难时期，这种风险就会影响我们了。即使是传统的股票估值模型，如资本资产定价模型，都只是用贝塔值来计算股票的风险——在普通市场上持续上涨或下跌的倾向。它没有考虑公司不能持续经营的可能性。然而，当大家都认为所有的上市公司在任何一年发生这种事件概率很低的情况下，该事件却发生了，这才是一场灾难。科学家认为，雷妮尔火山(Mount Rainer)仍然是活跃的，但人们还是在它的熔岩路径上建造了整个街区。人们肯定认为这座火山在他们的有生之年喷发的可能性是近乎为零的，但事实并非如此。喷发的可能性也许很小，但是，一旦发生了，那就几乎是毁灭性的。我们常常不按照逻辑规则来进行预测估计，特别是当发生的可能性非常小时，但发生以后的影响是巨大的。纳西姆・尼古拉斯・塔勒布(Nassim Nicholas Taleb)在《黑天鹅的世界：我们如何被随机性愚弄》(*Fooled by Randomness*)一书中写道："如果失败的代价是如此昂贵，以致我们无力承担，那么就没有必要考虑成功的可能性大小了。"

便利性溢价

二级市场上买卖股票的价格中还包含了另一种溢价，类似于我们在7—11便利店（美国连锁便利店）和西夫韦（Safeway，连锁超市）买牛奶产生的价差。为了买卖股票的便利，如只需要打个电话或点点鼠标就能从成千上万的上市公司中选出其中一家，然后买入该公司的股票，我们就要支付一个便利性溢价。在最近的《金融时报》中有一篇文章写道："资本市场的交易实质上隐含了证券在被首次进行交易后立即能够完成第二次交易。从这个角度看，便利性溢价是反映了立即交易价格与基本价值之间的差异，也就是反映了交易的成本。"除了职业投资者和做市商为了方便大型交易而要求的溢价外，即时性溢价还代表了买卖价差的大小。作为一种交易成本，它预期会妨碍股票的整体表现，当被看作是大头寸交易的成本时，是一种额外风险。

流行的溢价："赢者诅咒"

美国的股票市场已经大众化了，而我们作为参与者就自然而然地会遭遇赢者诅咒。我们将这个股票市场作为一个大环境，然后再做出投资选择。从全世界的范围来看，美国人不爱储蓄，而喜欢进行激进的投资。由于买卖股票很方便，加上预期美国公司有较安全和吸引人的前景，我们都涌入到股票市场中去了。尽管在长期投资中行情会有间歇性的回落，但是，我们仍然被深深地吸引着。数百万的人通过个人养老金账户和个人退休账户等来设立养老金基金，很多是直接将仅有的薪水直接通过共同基金投资到股票市场中。

结果就是过多的资金买过少的股票。流入市场的资金往往高于新股的总价值。由于大量国外的资金也流入美国市场——不仅仅通过主权财富基金和机构投资，还有通过个人投资的，这些人能够洞察美国的市场，并且能很方便地进行交易，所以，钱流入美国市场的速度更快了。

要计算每年流入美国股票市场的资金量几乎是不可能的，但是，这能使得这个市场一直保持在价值高估的状态，这一点投资者和分析师都是认同的。当债券的需求超过供给时，从市场价格或下降的净收益率中就能发现。在2008年下半年，当资金从股票市场流向美国国债时，我们发现国债收益率几乎接近于零，由于需求进一步加大，价格上升，收益率甚至为负了。当股票被高估时，这是很难被发现的，因为股票的估值是不精确的、变化频繁，使得难以辨认是什么因素首先导致股票被高估。

尽管如此，从20世纪来看，标准普尔指数的市盈率是上升的，在20世纪末的最后30年上升的速度还明显加快了。

图3.1显示了1881～2008年由罗伯特·J. 希勒(Robert J. Shiller)汇编的标准普尔500指数的市盈率。根据这100年间的数据，我们能够得到一个平均市盈率——14.83。然而，在1981～2008年这28年间，平均市盈率上升到21.74，部分原因是20世纪90年代末的互联网泡沫。虽然这并不能构成估价过高的证据，但却显示了在过去的100年间平均估价明显是偏高了。

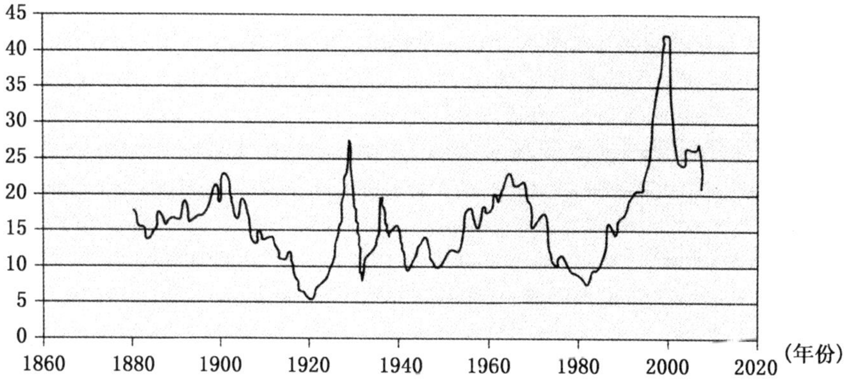

图3.1 标准普尔500指数的年市盈率

世界上有这么多人关注着美国的股票市场，大量的资金通过退休基金等各种投资渠道流入美国资本市场，我们很容易就能看出股票估价过高的后果。理论上来说市场是有效的，能够使价格下降到正常水平，但我们并不能因此而否定前面的理论。短期来说，价格是处于正常水平的，但在一般条件下,还是会存在流行溢价上下浮动的现象。

以上就是一种称作赢者诅咒的现象。理查德·H. 泰勒(Richard H. Thaler)写了一本关于经济生活中的矛盾与异常现象的书,书名就是《行为金融学》(*Behavioral Finance*)。赢者的诅咒是指当一个人赢了,那么他就会发生损失,这就是一种自我矛盾的现象。泰勒举了一个例子加以说明:有一个投机者喜欢竞标购买土地用来石油的开采。当他知道有很多的竞标者后,他的第一反应就是要提高竞标价格以增加赢的概率。然而,如果他没有认真地权衡,那么很有可能结果就是他赢得了这场拍卖,同时付出了比正常水平高出很多的价格,因此,最后是损失的。我们在股票市场中也经常能碰到这种情况,股票越买越多,直到股票的价格上涨到超出其本身的价值,逼得我们不得不做出调整。

预期效应溢价

股票购买背后的心理学基础是一场关于预期的复杂游戏。无论定义市场的有效程度有多少,大多数人和学术研究承认,如果一个人仅仅是坐着,看看新闻,在这个基础上做出投资决策,那么他一定不会成为一个成功的投资者。你必须做出预期……如果要想成功,你还必须正确地预期到你犯错误的程度。市场流行进行预期,而且由于大多数都是做多的,这种预期会显示在买的行为和溢价中。

我们知道,市场会有持续上升的偏向,因此本能的行为是立刻买入,而不是等以后再买。为什么越迟买风险越大? 大部分人愿意相信市场总是在上升的趋势中,害怕在等待中会损失掉那部分潜在的盈利,经纪行业将这种思想不断地灌输给广大投资者。这也使得股票不断有被高估的趋势。

我们知道存在着这种估值溢价,但是,我们会假设这种溢价总是存在,以至于当卖出股票时,这种溢价仍然表现在股票的价格中。这是一种天真的假设。事实上,这种溢价是在不停变化的,因为人都是主观的,所以,股票的价格也是主观的,它受人的行为的影响多于基本面的影响。

主观价值的生命周期观

主观价值会受到很多因素的影响。其中，它会随着商业周期的变化而变化。当一个行业还处于起步阶段时，由于净盈利少，成功的不确定性大，因此，初始资本投资存在着很大的风险。直到公司产生了利润，运营正常，无论从经济还是主观的角度，公司的价值还是非常低的。如果公司的一个项目没有成功、一些资产可能被卖掉，但是，如果公司在很多项目中都失败了，那么，它的经济价值就趋近于零了。初始的投资者知道这个项目不能给公司立即带来经济价值，但他们还是投资了，所以，这个项目中是有很大的主观成分的。如果你投资一家处于起步阶段、还没有产生利润的公司，你知道存在着很大的风险，当公司破产，你所买的股份将几乎没有价值。因此，这种投资使得股票的价值几乎都是主观的。一旦一个项目开始盈利，你的股票的价值就瞬间提高，因为现在你能通过卖出股票获得它的经济价值。在刚开始的几年，股票价值中大部分还是由主观决定的，但是，这种主观的影响力变得越来越弱。

所谓一家公司的青春期，就是指其在初始阶段经历着快速成长。这时它就同时拥有经济价值和主观价值。主观价值指投资者认为公司所拥有的最终潜力，如果这家公司有很大的上升潜力，那么，它的主观价值会高于那些发展平稳或可预期的公司。一旦这家公司上市，其价值就由公司股票的价格来决定了，其中市场决定主观价值。理论上，随着盈利增加、商业成熟，经济因素比重会增加，在估值中的作用也会增加。主观部分的比重也会开始下降。在此期间，商业周期来了又去，大量的因素会影响公司的基本面，它的经济价值也会在盈亏之间转变，至少有时会加速成长，有时成长速度会减慢。主观价值也会随着公司前景和其他因素的变化而变化。

当公司发展到成熟阶段时，经济因素在价值中的比重就更大了。一旦不确定性减少，公司变得资金充裕，公司的价值回落到其经济价值。虽然还是存在一定量的主观价值，但是，经济价值的贡献会变得越来越突出。

当公司面临破产清算时，它的价值恢复到经济价值，或是资产价值，这取决于公司还是否会继续运营下去。主观价值衡量的是未来的潜力，而一个失败的企业是不包含在内的。如果该公司被卖给了其他公司，收购人需要以溢价的形式支付一部分主观价值使股东让渡出他们所拥有的股份。然而如果公司倒闭，那么它就只含有经济价值，没有任何的主观价值了。

图 3.2 显示了上述结果。这张图并不是想要给出一家公司在各阶段所拥有的主观价值的具体数值，而是要表明它是如何随着商业周期的变化而变化的。经济价值随着基本面的变化而变化，而主观价值是根据市场的不断估值而变化的。这就提供了一种不仅仅根据基本面来考虑股票的思路。

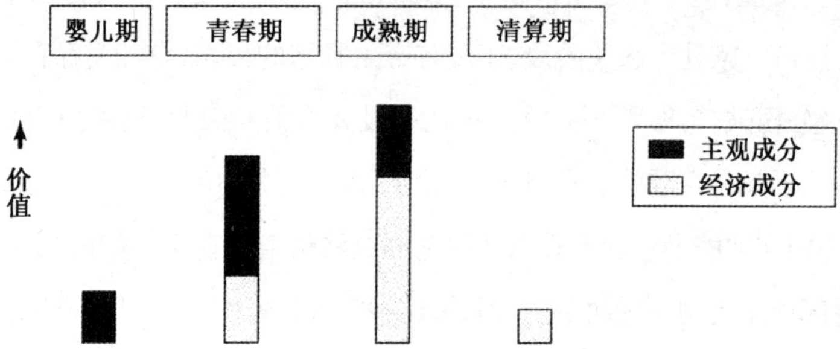

图 3.2　商业周期中的主观价值

主观价值在不同的行业和不同类型公司之间也是明显不同的。如果公司是不稳定的，处于高成长、备受关注的行业中，那么它会有更高的主观价值。趋势随着时间变化很大。互联网股票在 20 世纪 90 年代末很繁荣，生物技术公司在 21 世纪初很繁荣，能源公司在 2003～2008 年很繁荣。

主观价值定量化

传统金融学理论认为股票价值中的任何主观成分都只是暂时现象，是市场的异常现象。传统认为，一旦市场变得“精明”，能够发掘股票的真实价值时，主观价值就会消失了。如果主观成分相对股票价格来说非常小，那么这部分是可以被接受的。但是股票的主观价值不能被看作是暂时的或是不明显的。

我们先看看私营企业。众所周知，由于私营企业的流动性相对较低，其卖价要低于同类的上市公司。威拉米特河管理协会（Willamette Management Associates）调查了私营企业和上市公司在 19 年间的成百上千宗交易（相同的公司），研究它们估值乘数之间的不同，发现私营企业的收入倍数只有上市公司的 37%～60%。

我们可以从另一种角度来观察这种现象，私营企业的估值更能准确地反映买方对其基本经济价值的评估，上市公司就被赋予一个相对的溢价。私营企业的买家对长期投资更感兴趣，他们不喜欢像上市公司股票所有者一样由于流动性的原因而进行短期的投机。

另一方面，上市公司不付红利的股东会远离这一投资。就如凯恩斯在引言中所说的，通过共同基金、养老基金以及其他途径，这些投资者变得越来越远离真实的经济状况，而被主观因素所控制。

如前面所提到的，通过互惠的折扣，上市公司交易的价格通常会比私营企业的高出 1.6～2.5 倍。这其中的原因是值得讨论的，但事实是上市公司的交易价格会保持在同类型私营公司的 2 倍。这可能是由于经济方面的因素，如较便宜的资本价格，能够快速获得资本，但是市场仍然会在这些的基础上加入一些主观的原因。

如果我们想要得到所有上市公司的本身经济价值，那么，你可能会发现市场将大部分价值归入了经济价值。要想解释为什么会有如此多的变动，为什么这些变化总是和公司基本面的重要变化没有很大关系是比较难的。分析师知道大多数公司的经济价值是多少。这在基本面分析时比较有用。但是，接下来分析师会利用收益乘数得到一个比较接近的市场价值。这 乘数仅仅是构造出来的，并不实际存在。对乘数的经济证明是缺乏的。一般来说，他们应该对预期收益的质量和实现这些预期收益的可能性大小做出解释。然而，事实情况并不是这样，市场会给予类似行业中的其他公司一个乘数,分析师就用这一乘数作为基准,从此这一乘数就开始被反复地利用。除此之外,各行业中的乘数在不同的时间相差是很大的,但是分析师在估计中利用这些乘数时很少会进行相应的调整。

即使是对整个市场来说,随着时间的变化,乘数的变化也是相当大的。标准普尔500指数在1919年的乘数低至5,在1929年就升至32,到了1932年又回到5。到了1999年,这一数值到达了44,当市场在2000年3月份到达顶峰时,乘数仍然有32.8。到了2002年10月份,数值掉到了25.7,在2007年9月份有18左右。

当然,乘数扩张与收缩是有有效的经济学理由的,比如利率和经济周期的影响,但是没有影响前面所提到的程度。事实是市场愿意付出比其他高出许多倍的每单位收益,大部分的变化也可以归因于主观的影响。

当乘数过高时,根据发生情况的判断,股票价值的主观价值部分占了大部分的风险。主观部分也通常包含上升的潜力。从主观部分还能看出该股票或者该行业的发展趋势是怎样的,有多少优良的标志。每个行业中都存在着幸运儿——这些公司拥有比同行业公司更高的收益乘数。大部分原因也都归因于主观因素。人们喜欢公司的管理方式,喜欢公司的形象,喜欢它们的广告。总而言之,股票的主观价值就是超过或者低于人们愿意支付的经济价值部分,即溢价或折价。

就如前面所提到的,私营企业的交易告诉我们股票价格中有多少是由主观因素决定的。基础金融学为我们提供了另一种方法,能够得出同样的结论。大学里的一门金融课程将会告诉你金融风险与收益是统计相关的,为什么将股票所拥有的风险定义为人们在长期中得到高于无风险收益的补偿,其中无风险基准由美国国债代替。这种风险补偿成为风险溢价,你需要长期持有该股票组合以实现这一补偿。长期一般来说至少为一年,但是也很有可能为5年、10年,甚至20年。

你还会知道持有股票的风险可以分为两类:(1)公司特有的或可变的风险,(2)市场风险。公司特有的风险包含了公司研发了令人失望的新产品、专利侵权的诉讼、集体罢工等各种各样的情况，这会使得公司不能为股东创造出预期的收益。这种公司特有风险之所以也被称作可变风险，是因为你可以通过持有尽可能多不同种类的股票(不同行业的)来消除这种风险，至少在统计学上来说是行得通的。这样当组合中的其中一只股票的表现比预期差时，可以用组合中其他股票的优异表现来弥补。当组合中拥有 60～100 只股票时就能够很好地分散这种可变风险了，其实 20 只左右的股票就已经能够达到目的了。

理论金融还告诉我们，一些我们已经经历过的事情：大范围内股票的风险差异要大于某些特定公司内的风险。这包括了对经济、地缘政治的不稳定，自然灾害，投资者情绪等的综合描述。这里并没有提到引起市场整体上涨和下降的成千上万的原因。这种风险我们称为市场风险。

因此，你可以通过投资尽可能多种类的股票使得组合不受股票个体不确定特性的影响，这样就能得到一个市场收益。但是，你不能消除市场风险。你不得不在市场中面临这种风险。美国整个股票市场的标准普尔 500 指数在长期有一个每年 10%～20%的向上偏差。但是，如果在 2000～2008 年，即使时间长达 8 年，你得到的净收益也可能为 0。

我们可以观察任何股票的历史走势，根据股票的长期价格走势可以计算出一个预期收益，前提是忽略“过去的表现不能保证未来的结果”这一假设。然后我们就能够知道该股票以天计算历史价格变化有多大，即波动率。我们用这种波动率来衡量股票的风险，前提是假设市场是有效的，每只股票的市场价格随着时间变化会在预期价值基础上上下浮动，这样我们就能够假设未来价格也会发生如此的变化。

现在我们能赋予一些数值了。波动率是一个百分比，而不同股票的波动率可以从 5%到高于 100%，而平均波动率为 35%。一个大组合的波动率(如标准普尔 500 指数)一般为 20%，组合的波动率一般是小于组合中任何一只股票的波动率的，因为有些股票的波动率会上升，有些则会下降。因此，通过使组合多样化，我们能够使单只股票 35%的平均波动率降低到组合 20%的波动率。通过构造组合,我们平均减少了43%的风险。那是相当不错的,但是组合中仍然有20%的波动率。这是市场风险,不能通过组合来消除。

这一结论告诉我们:股票中有多于一半的风险(相应的预期收益也是)是来自于市场总体的。而事实上我们的投资分析大部分都是针对单只股票的,因为传统金融学认为不存在一个统一的估计市场风险的方法。那这是不是由于股票大部分的价值是主观的而造成的呢?

注释:

1. Nassim Nicholas Taleb, Fooled by Randomness(New York: Random House, 2004), p.4.

2. George C. Chacko, "The Price of Immediacy," Fournal of Finance, 63 (3)(June 2008): pp.1253—1290.

3. Shannon Pratt, Robert Reilly, and Robert Schweihs, Valuing Small Business and Professional Practices(New York: McGraw Hill, 1998), p.461

4. Robert J. Shiller, "Stock Market Data Used in Irrational Exyberance-Updated." Availableonline at www. irrationalexuberance. com/shiller_download/ie_data.xls.

5. Allen Shawn, "What Long-Term Return Should We Expect on Large-Capitalization Stock Market Indexed?" (July 2003 and updated February 14, 2006). Available online at www.investorsfriend.com.

第四章　随机有效市场

随机漫步假设并不能够为股票市场价格行为提供一个精确的描述。

——尤金·法玛(Eugene Fama)

当增长平稳、收益相对上升时期,基本面分析与未来收益流的现值紧密相关,且表现良好。然而,偶尔收益不稳定、下降,或者受明显的一次性减值影响时,基本面分析方法就会变得充满挑战,分析师估计的和真实的收益之间的变量会使得基本面分析变得不可行。到2008年秋天,股票承受了数十年以来最严重的打击,分析师们预期的收益和现实相差得如此之大,简直就是一场笑话。《巴伦周刊》中写道:"分析师们最近估计标准普尔500指数中的公司的收益将会在第四季度上涨29%,而且还会继续上升,到2009年上涨15%至每股91.41美元。根据最近上升的失业率、信用危机,还有上周关于第三季度经济年增长速度下降了0.3%的新闻,这些似乎是完全不现实的。"记者调查了少数市场中的顶级专家,这些专家都认为标准普尔指数中的股票在2009年的收益很有可能会达到70美元左右,高出现在所保持的市场价格许多。到2009年的第一季度,标准普尔指数收益可能降低至40~50美元,与分析师们的估计相差很大。

根据传统的基本面分析来决定股票的理论内在价值,这种方法对短期投资来说没什么效果。华尔街仍然坚持这种方法的前提是它对长期投资是有效的。然而,这还仍然有待观察。我们都知道,很多基金组合管理经理从长期的角度都没能超过市场平均水平,有人会怀疑到底有多少基本面分析信奉者在考虑将长期的定义延长至10年,这样就可以解释2008年股票价格跌至1998年水平的市场行为了。虽然华尔街一直以来都在对付这几年的困境,其实学术界早在50年前就已经想出了另一种可供选择的方法。

有效市场假说

另一种观点是股票市场本身就是一种有效的机制,它能根据内在价值给股票定价,重新定义内在价值为股票的现价。替换理论价值是有实践效果的,虽然这一价值是在不停变化的,但这个值能够通过实际价值精确地计算出来。从有效市场假说的角度来看,市场价格应该是由大多数市场参与者来决定的,而不是少数几个分析师所能决定的。大多数市场参与者可能没有受过专业的教育,但是,他们都是用自己真实的资金在进行投票的。在参与者中有一定数量的精明的买家和卖家(据估计至少有一些是行家),这就表明市场可以有效地决定价格。

这一直都存在于商品期货市场中。对类似黄金或者小麦等商品从来都没有内在价值这一说,因为它们不能像公司那样产生现金流。为什么要花费大量的时间和金钱来计算其公允价值或内在价值,而很少讨论到底是否存在一个计算的方法?现价与根据一些理论得出的价值存在着什么不同?如果你想买入或者卖出,那么市场价格就是其真正的价值,谁知道市场会将证券的价格刚好保持在计算出来的内在价值上多久?这称作有效市场假说(EMH)。

在20世纪60年代,有效市场假说开始变得流行。我们会深入讨论内在价值是否能计算得出来,或者市场价格是否等于其公允价值,将近有半个世纪,有效市场假说在学者中深入人心。但是,这种讨论是徒劳的,是不重要的,除非你写一篇关于这方面的论文。不管怎样,内在价值是一个理论概念,股票的波动是不能用传统金融学来解释度量的。

然而，大多数华尔街的学术群体认为，根据传统概念，分析师能够通过详细分析公司的基本面，如收益预期、资本结构、预期现金流、资产估计以及其他的财务因素，从而估计公司的价值。这种方法差不多就是分析股票和计算其内在价值的唯一方法。理论上，有了内在价值作为基础，当股票的市场价值低于内在价值，公司或投资经理就会建议买入这只股票，当股票的市场价值高于内在价值时，就会建议卖出该股票。而事实操作与这种理论是完全不同的。

用于计算股票内在价值的变量一般不是每分钟或每天都在变化的。但是，股票的市场价格却是时刻在发生着变化的。因此，基本面分析最多也就只能为股票应该在市场处于什么位置时进行交易做出指导。众所周知，股票平时的价格并不重要，你只需要关注当你想卖出时股票的价格。基本面分析派的人除了把股票的价格变化原因解释成由暂时性因素(例如一些消息不灵通的投资者)引起的不确定噪音之外，他们还声称这些因素之间会相互抵消，股票最后会恢复到公允价值。“最后”的定义没有一个具体的时间限制，注意，很有可能意味着许多年。

一些基本面分析派是非常固执的，他们总是认为自己是对的，市场是错的。对定价逻辑的曲解强调了基本面对投资分析的重要性。

由于基本面分析需要进行预测，很多偶然性事件也会变得必然会发生，分析师知道一旦事件暴露出来，他们会惊讶或者失望。他们从实践中也知道人们可以接受股票交易的价格可以低于或高于内在价值许多。处理这些不可避免的事情的金融方法是：多样化我们所持有的头寸，使得从统计学角度看，组合中的损失和盈利一样多，从而它们之间可以相互抵消，我们就会有信心达到平均长期预期收益。我们可以利用公式计算出多样化的程度和波动性的大小。一旦我们注意到这种传统的智慧，多样化我们的头寸，就有望达到与市场水平一样的长期收益，减少管理账户的费用。同样，基本面的方法不适合作为组合管理的工具，除了用于衡量市场的平均收益水平。

华尔街(委婉的说法就是整个资本市场)除了基本面分析没有其他选择。不可否认的是,市场价格会围绕内在价值变化,投资经理熟练运用基本面分析,排除了其他的方法。这种方法认为股票最后会回归到其内在价值,如果你长期持有该股票,将会看到这件事的发生。不幸的是,这种捏造的、自我辩白的推理占了主要地位。

组合管理经理基本都是运用这种分析框架的,努力使收益接近市场平均水平。过去50年的收益率平均在10%～11%。当然,这些人是靠赚管理费维持生活的,一般在1%左右,或者更多,所以,他们需要努力击败市场平均水平,获得足够的利润来证明客户所付的费用是合理的。

因为投资管理已经是一种商业服务,执行压力很大,在一定程度上,稳定的业绩要强过出色的业绩。一个简单的事实是,投资管理的目的是使业绩保持在一个稳定的水平,即使只是普通的业绩,只要接近市场平均水平,他们不太有动力去创造比市场水平更好的业绩。所以投资经理或投资公司就没有理由抛弃这种已被广泛接受的投资管理方法。有趣的是,对冲基金却追求高于市场平均水平的收益,结果很受欢迎,虽然法定上只有高净值的客户和机构才能投资对冲基金。

这种投资管理方法的拥护者知道这个过程能够得到与市场水平差不多的收益,随着时间的推移,这些收益开始变得一般。他们知道会有下降的年份和一般的年份,但是,他们仍然通过重复这个咒语来贪婪地捍卫着这种技术分析,直到大家都相信为止。他们会说长期股权投资被证明是值得的,那些坚持挺过低迷期的人最终证明了他们的耐心是值得的。当然,他们总是能够创造出一些统计指标,给人以他们能够超过标准普尔指数或一些其他基准指数,而事实上这并不是对每个基金经理都有效的。在这期间,你的费后及税后收益一般,而市场却剧烈震荡,短短一周就能使你得到或失去你一整年的预期收益,而且这种情况会在一年中反复发生。

有效市场假说被一个大学派所接受,他们相信股票价格是随机波动的,至少短期内是这样的。基本面分析的人也认为短期的价格波动是随机的,不同的是，他们认为是在理论内在价值上下反复波动（当然很难证明内在价值理论）。随机派的人认为每天的价格变化是内在价值本身的变化，主要是由于内在价值在不同的参与者之间有不同的理解。

臭名昭著的随机漫步理论

介绍波顿·马尔基尔（Burton Malkiel）的随机漫步理论的文献并不是很多，1953 年，英国有名的统计学家莫望斯·肯德尔（Maurice Kendall）发表了一篇名为"经济时间序列的分析，第一部分：价格"（The Analytics of Economic Time Series，Part Ⅰ：Prices）的文章，其中他总结了股票价格在任意一天上涨和下跌的概率是一样的，并以随机的方式波动。由于那时候没有多少经济学家赞同这一观点，争论很大，并且激起很多相关研究。在此期间，肯德尔由于对统计领域的贡献而被英国政府授以爵位。

20 年后，美国经济学家尤金·法玛在芝加哥大学发表了他的博士论文，其中引用了他自己和许多学术界的结论，从而证明了肯德尔的观点，说明股票的价格是不可预测的，并且是以随机漫步的形式波动，当然它还受到向上偏差的影响，如收益率增长和通货膨胀等经济因素。法玛建立了随机漫步假设与有效市场概念之间的联系。在其发表的文章中他是这样定义有效市场的：

有效市场中有大量的理性追求利益最大化者，他们积极地进行竞争，努力预测个人头寸的未来市场价值，所有参与者都能够自由得到最近的重要信息。在有效市场中，聪明的参与者之间竞争激烈，任何时点发生的重要信息都能在证券价格中得到真实的反映，而这些事件都是已经被预测到的。换句话说，在有效市场中，任何时点证券的价格都很好地估计了其内在价值。

法玛在 20 世纪 60～70 年代发表了一系列关于随机漫步的文章，虽然这些文章只出现在金融杂志上，并没有被大众所熟知，但至今仍然被学术界广泛引用，直到 1973 年，普林斯顿教授马尔基尔才抓住机会将肯德尔、法玛得出的理论与其他一些随机漫步理论结合在一起编入书中，发表在公开报道中。在他的《漫步华尔街》一书中，马尔基尔证实了股票价格变动并不能被连续预测到，并大胆地认为投资顾问的服务、盈利预测、复杂的图表都是无效的。马尔基尔的语言比法玛的多了一点感情色彩，他这样写道："从极端来说，这就像一只被蒙住了眼睛的猴子向报纸的金融版面投飞镖，他选到的一组投资组合的业绩表现，几乎可以和专家精心挑选出的组合一样好。"马尔基尔因此鼓励投资者根据被动型管理基金指数来买入股票并持有，以避免由于费用和佣金而拖累了投资的表现。

受马尔基尔投飞镖挑战理论的影响（毫无疑问是在这本书很出名的前提下），《华尔街日报》事实上已经测试了这一前提，允许它的职员"投掷飞镖"。《华尔街日报》认为，在 30 年后，拥护者将很难击败"飞镖投掷者"，无论是在绝对的基础上还是风险挑战的基础上，与有效市场理论所建议的刚好相反。马尔基尔重新回顾了这一结果，相信这一结果被保留在杂志的方法论中。随后，《应用金融学杂志》（*Journal of Applied Finance*）中的一篇文章讨论了在《华尔街日报》中计算的结果是有偏差的。为什么这一论题能被讨论五十年之久？

随机性的现状

随机性的统计学解释和我们直觉的解释不太一样。马尔基尔定义随机漫步为：一个人不能根据过去的行动来预测未来的发展方向。当这一概念被应用在股票市场中时，就意味着股票价格的短期变化不能被预测。这样，股票价格随机变化并不就是说该变化是缺乏条理的，英特尔的股票在今天可以是 22 美元，明天到 143 美元，再接下来一天又变为 6 美元。虽然市场能够使价格变化如此随机，但是，这种波动性还是有理可循的，有一股市场力量在影响着价格的波动，这被认为是合理的。随机性理论并没有说市场是有很大的风险的，你将会有幸在任何时候得到超过市场表现水平的收益率。马尔基尔主张市场的有效价格与表现在股票个体的价格中的新信息是相关联的，由于人们不能预测接下来会有什么新的信息,因此不能连续预测任何股票接下来的即时走向。他还暗示股票的历史价格图表不能预测出将来的价格走势,一部分原因是过去的价格与未来的价格缺乏可靠的联系。然而,他估计到了由于增长、通货膨胀、生产效率的提高,以及其他长期基本面因素引起的股票价格长期向上趋势(随机漫步并没有特别指出短期的随机走势和可预测到长期走势区别在哪里,这一事实严重损害了这一理论使投资最优化的实践性)。

随机性的含义远比表面上看到的多。事实上,根据《黑天鹅的世界,我们如何被随机性愚弄》的作者纳西姆·尼古拉斯·塔勒布所说,我们人类根本就不知道随机性到底是怎样的一种状态。作为一名专门研究随机性的学者,塔勒布认为我们一般喜欢讲随机性用图表或大量完全不能识别的数据解释来形象化,这个过程中事实上我们已经将这些随机数据进行了一些人为处理。就像无限大的概念,人们的大脑没有能力将基本随机性的结果用图表表示出来。塔勒布认为在其他事情方面,我们低估了随机性的影响,误将成功归功于技术水平,而将失败归因于随机性,“我们的大脑并不具备完全控制这种可能性的能力”。

在《黑天鹅》(*The Black Swan*)一书中,塔勒布还讨论了真正的随机性和决定性混沌之间的区别,并认为实际上随机性是一种不完整的信息。也就是说,股票价格的随机漫步性意味着人们不能在电脑中输入最后的 N 个股票价格,确定下一个股票价格的置信区间。但是,如果我们知道了所有可能进行交易的参与者的目的和行为特征,那么,我们就有可能估计到股票的接下来走势。当然,要知道每个人的意图是不可能的,但是如果在很多的市场参与者间有共同的行为特征,我们就有可能利用相关知识来缩小可能的价格范围。在第十章中会有进一步的详细介绍。

随机性将带领你到何处?

就像你所预期的那样,马尔基尔鼓励人们不要相信那些金融投资顾问,忘掉价格图表，买指数基金，他的言论在个人投资者之间引起了强烈的共鸣，但却离间了很多货币管理业务中的专家和市场言论或信息提供者。他的书理所当然地成了畅销书，35 年后已经再版了 8 次。无论好坏，这对大众投资有很大的影响，可能导致了指数基金的快速发展，在学术界中也有很大影响，这通过在过去 50 年中大量关于这一主题的研究就可以看出。尽管这样，但基本面投资研究仍然在华尔街很流行，投资管理行业对个人和机构来说仍然是吸引人的。他们愿意付出费用来进行主动型管理，虽然统计数据表明只有少数投资管理者能够在考虑了费用以后持续地击败整个市场水平。

讽刺的是，投资顾问行业在很大程度上已经包含了指数基金和交易所交易基金。毕竟，这些基金能提供多样性，其指数也可以作为基准，而且还能减少或者消除对单个证券的基本面分析的必要。但是，投资顾问仅仅将交易所交易基金当作是整个投资组合中的一般证券，它将被收取标准的管理费用，而不能减少费用的支出。这时，顾问可以利用其投资组合中的交易所交易基金节约选取股票的时间，同时又能收取管理费用。如果不是太差，顾问还能得到一小部分额外的管理费用，是投资者必须支付的。这是马尔基尔所不愿意看到的。

虽然单个股票价格随机性的核心被证明是正确的，但即使是马尔基尔本人也认为该理论只是被大致概括了。在书中，他提到：

事实上，股票市场并不符合数学家们所认为那样：股票的现价与过去价格是完全独立的。只是股票现价与过去价格之间系统性的相关关系是如此的小，以至于这些相关性对投资者来说没什么用处。这种极小的相关性却使投资者相信主动投资的有效性，从而支付了高昂的交易费用，而这些费用远比他们从所谓的相关性中获得的要多。

然而，专家不同意并且指出许多特殊的异象，这些异象在随机市场假说中有漏洞，比马尔基尔建议的要重要得多。另外，马尔基尔引用了很多技术，这些技术能够帮助从以前的数据中预测股票的价格。事实上，这本书缺少了关于他在文章中所指出的一些课题的附注和文字参考。在书的第二部分，我引用了很多非随机异象的一些案例,这些都全部被提及了。

最重要的是,马尔基尔描述了单个股票的随机特性,但却将单个股票和整个市场视为一体。如果单只股票价格的波动是随机的,那么整个市场的波动也必定是随机的。在文章中,我将马尔基尔和随机漫步理论显著地分开了。

随机漫步学派有很多的支持者,这些支持者中有很多人刚开始是“相信投资顾问”学派的,后来又加入了“自主选股”派,但是最后都失败了。要加入随机学派的唯一要求是你已经参加过以上其中任意一个学派,并且输掉了钱或者输给了整个市场的平均水平。这个课程非常简单:你阅读马尔基尔的书,投资过至少一只指数基金。如果你从随机派毕业了,祝贺你。你已经学会了如何不支付管理费用就能得到中等水平的长期收益率。你现在读的这本书所包含的知识相当于一个硕士学位的水平。

充分有效

有效市场假说和随机漫步理论都是广义的理论,从很高的层面来描述股票市场。它们有大量的研究数据支撑,大部分来自学术期刊。就如其他大部分的一般理论,如果你深入研究其细节,肯定能发现一些缺陷、例外和异象,更不用说同一个研究发现中的不同解释。自从这些概念在 20 世纪六七十年代出现后,学术界一直在研究有效市场理论,股票价格的随机性,什么构成了理性市场行为,到现在为止仍然还没有一个统一的结论。这些年来已经有了很多研究,概念中还有很多的模糊之处,这使得支持者同意这一观点,同时反对者可以发现很多例外和异常现象。更重要的是,50 年的争论对职业经理人的投资方法影响很小,除了加快了指数基金和交易所交易基金的发展。

很多人不认同有效市场假说,这源于第一部分用于阐述理论的各种各样的概论。例如,有效市场假设所有参与者都能得到关于股票的所有信息,这些参与者是理性的决策者,信息会快速反映在股票价格中,这些价格完全反映了当时的所有可知信息。对于那些只有工作下班回家后才能得知这些信息的人来说，这一点有点过于理想化了，他们认为几乎所有的人都是不理性的，不可能得到内部人士和专业化交易人士都不知道的信息。

法玛自己也承认了模糊性。在他发表的其中一篇文章中写道：随机漫步假设不可能提供关于股票价格走势的精确描述，而出于实践的目的，即使不是非常符合事实，这个模型也是可接受的。法玛提到统计测试已经证实了随机漫步假设，例如序列相关性和运行分析，但是，这些测试可能太线性和刚性，以至于某些类型的图表可能不能在正确的时间做出决定，不能胜过买入并持有的策略。这个描述非常重要，它来自有效市场假说的理论源头，并且将引出本书第三部分：图表分析。

股票市场很大，随机漫步和有效市场假说的描述又不是很精确，研究人员几乎总是能够指向市场的某些特别方面，既支持又反对有效性和随机性。例如，随机漫步理论的支持者通常会对市场持有一种长期的、高水准的、全面的看法。他们的定义考虑了各种各样的无效率的情况存在。例如，互联网泡沫没能危及有效市场假说的核心地位。他们仅仅认为这是短暂的，尽管很多年过去了，但异常的估值最后还是自我纠正了。从 1998 年 10 月到 2001 年这 3 年中，标准普尔 500 指数从 950 点上升到1 550点，又回到 950 点。在 8 个月中上升了 63%，随后的 8 个月中又立即下跌了 39%，回到了相同的水平。在同一期间，雅虎股价从 100 美元上升到 110 美元，然后又下跌到 5 美元。马尔基尔认为："即使市场做出了非常错误的估值，市场仍然能够有效，在 1999～2000 年的互联网泡沫期间同样是有效的。我不禁会疑惑要怎样极端的市场行为才能否定市场的有效性。

有效市场假说中一个令人苦恼的问题是我们假定市场价格能够充分反映所有的已知信息。在这个特别的问题上存在着一个漏洞，法玛承认"完全反映"这个词用在这些情况中有点太过于严格了。他仅仅通过在概念上将市场有效性根据信息可用性的水平细分成三部分就解决了这个问题。这三部分为：弱有效，即只有历史价格信息可知；半强有效，即价格能够根据公开可

得信息进行调整;强有效,价格会根据所有的信息进行调整,无论是公开的还是非公开的。在法玛的解释中,他说:

“前面我们所讨论的有效市场模型假设在任何时间点上的证券价格都完全反映了所有可得信息。虽然我们应当认为这个模型经得起数据的验证,但很明显这是一个极端的零假设。就像其他极端的零假设一样,我们也不会期望这是完全正确的。将检验分为弱有效、半强有效、强有效能帮助我们详细地辨别信息的水平,从而拒绝假设。”

有效股票市场的概念隐含了一个信息,即能够影响股票价值的,关于公司、股票或外部因素的信息将会在市场参与者中快速广泛地传播开来。如果有人会考虑发布的新闻能够如何快速地反映到股票的波动中,那他很可能已经高度认同了市场的有效性。从实践的角度看,个人投资者并不可能整天坐在电脑前面看股票或新闻,即使大多数的投资经理或专业人员也不可能做得到。但是有大量的交易者、内部人员、股票追随者可以做到,他们接收信息,对信息做出反应的速度要比我们快很多。人们能够在信息公布之前就做出反应,我们要否定这一广泛的现象。只要看足够多的股票和信息,就能在信息公布之前就发现股票的运动路径。应当承认的是,很多股票的波动仅仅表示一些普通市场对重要公开信息预期的猜测,但这毫无疑问可以归因于内幕交易者和一些拥有特权的人已知信息。不管怎样,市场已经能够在信息公布之前就运用这些预期的信息。

讽刺的是,内幕交易的存在使得市场变得更加的有效,这意味着市场已经聪明到了可以预测接下来的信息是什么。虽然没有个体或团体进行有组织的垄断和内幕交易,但这并不意味着情况一直会是这样。证券交易中的内幕信息是无法改变的事实,许多信息在公布之前就泄露到市场上了。大多数的信息很难与股票行为区分开来,其实是隐藏在一般的交易行为中的,但是,你很容易在期权市场上看到这种情况。在信息公开之前就已经反映在股票的价格之中了,当公布以后,股票的价格波动就变得迟钝了。这能使市场看起来更有效,因为在有效市场中,即使是新信息一公布就买入股票,你也不能获利。别将有效市场和公平的市场相混淆。

那些检验公开市场信息是否有效的研究一般会专注于一些特定的被认为有重要影响的公开信息,然后看这些信息是否会反映在股票的价格中。研究结果就是市场是有效的。研究主要是着眼于股票价格的波动,寻找甄别引起这种波动的信息(无论是公开的还是非公开的)。这并不容易做到,因为在没有对参与者进行调查的情况下,没有方法能够精确地识别出是什么公开或非公开的信息引起了价格的波动。但是如果忽略股票价格波动中的变量,我们正在忽略潜在的股票波动性。根据罗伯特·希勒所说:"1989 年,戴维·卡特勒(David Cutler),詹姆斯·波特巴(James Poterba)和劳伦斯·萨默斯(Lawrence Summers)汇编了自从第二次世界大战后标准普尔指数中最大的 50 只美国股票的走势,汇总了当天新闻头条中的数据,大多数的新闻信息都无法解释当时股价的波动。"

表面上,随机市场听起来足够合乎逻辑。事实上,自从 20 世纪 60～70 年代,信息技术突飞猛进,市场有望成为一种更有效的度量方式,比随机理论开始流行时更有效。在 20 世纪 70 年代,股票只能通过邮件或第二天早上的报纸来进行研究。另外,有人说我们能有一个相对有效的股票市场也不算件坏事。这使得我们的融资体系能够运转,就像它为公司提供融资的能力。但是,有效并不意味着低波动率,也并不保证每个人都能赚到钱,而且市场有效性的程度还有待讨论。最重要的是,美国股票市场比世界其他地方的要有效很多,怎样改变投资策略呢?

现在认真的讨论随机性和有效性,会引发很明显的问题,例如,为什么这么多的学者,作者和专业人员不同意?哪一方是真的正确的?这些方法中有哪些不同?我们为什么要关心这些争论?他会将我们带到哪里?对很多博士来说,特别是那些支持随机漫步和有效市场假说的人,毫无疑问他们追求知识,想要公开发表文章。唯一真正的行动就是利用指数基金,而不是主动型管理基金。但是,对于那些专注于证明这些理论方法的人,行动结果的潜力是巨大的。如果市场是有效和随机的,成千上万的投资组合经理和顾问的努力被浪费了，支付给他们的费用变得不重要，就像马尔基尔所说的那样。但是尽管这个理论发表已将近半个世纪，但是基本面分析仍然很活跃，而且发展得很好。另一方面，如果市场或者其中的某一方面事实上是非随机的，就可以通过定义来预测了。如果可靠的程度是可预测的，这种非随机的状态能够使股票的收益超过预期的长期收益。

在这个主题上花费了这么多年，双方也争论了这么多年，似乎这个争论永远都不会停止。承认随机理论和有效市场假说中存在异常现象是非常重要的，这比之前的观点更重要，这就是这本书的目的。

随机漫步中的漏洞

直到 20 世纪 90 年代，随机漫步假设在学术界和个人投资者中仍被广泛地接受。大部分早期的研究支持了有效市场假设和随机漫步理论，并没有注意到异常现象。想不到的是，这两个理论都承认了异象的存在和非理性行为，但是将它们解释成是噪音交易或为满足套利者的存在提供条件，这样就减少了对市场有效的综合影响。另外，这两个理论都认为如果一个有意义的异象被发现了，那么它就很快会被一直虎视眈眈的交易者抢占或取消。

然而，在 20 世纪 90 年代，学者和行业从业者们的研究识别出了在某些特定的情况下，股票的价格并不是随机的，是不可套利的，这样证据也就渐渐浮现出来。虽然刚开始这一发现被看作是趣闻，而且很少出现在学术杂志以外的地方；但随着越来越多的例子浮现出来，学术界开始意识到市场参与者的非理性行为可能不仅仅是无关紧要的噪声，而是很重要且有系统性的。自从 20 世纪 90 年代以来，相关研究的重点已经开始转移到了行为金融学上。新的行为方法论认为市场是普遍有效的。确定股票价格的非随机移动的含义很明显也很重要：这种股价的变动代表市场参与者可能从股票市场价格变化的某些特征中获利，这种特征并不是从长期的基本面分析中获得的。

学术界已经发表了很多关于支持行为金融学的案例，并且建立了一个用于预测行为的新的市场模型。他们的发现可以分为两类：

1. 鉴别在有效市场中不可能存在的市场价格异常现象；

2. 鉴别出脱离了有效市场中参与者行为的非理性行为，并运用这些非理性行为来解释市场异象。

我已在第二部分用一章来描述这些领域。我将会在第三部分中把描述的各个方面结合起来，总结出一套方法。

股票是随机的，市场不是随机的吗？

即使随机漫步的支持者认为股票的价格在短期是随机的，但股票在长期仍然有上涨的趋势。这就意味着股票的价格并不是完全随机的。虽然单只股票的移动支持了随机假设，但市场还是隐含了一些不同的事情。市场明显表现出非随机的特性，无论是短期还是长期。因此，单只股票有显著的随机性是可能发生的，虽然在市场上存在着可预测的形式。

这种物理现象是有先例的。在亚原子领域，量子物理的应用规则和随机性的描述中存在着关于粒子的活动，这是被公认的。然而，这种随机性限制了自然的力量。也就是说，如果两个电子和一个原子相结合，它们可能会随机移动，但是在一个限制的范围内(如其中一个不能在洛杉矶的实验室被发现，而另一个却存在于克利夫兰)。这样，他们就表现了内在的随机性。当我们在观察宏观现象时，即使构成了亚原子粒子活动的随机性也消失了，还是要应用传统的物理规则。股票和市场与这个很像：股票在一个给定的参数范围内随机波动，但是当综合了以后，就会显示出非随机的特点，这在单个组成中没有显现。英国最初的统计学家肯德尔第一个发现了股票的随机性，明显地看到了类似的现象。在他 1953 年的文章中，他提到："综合指数可能比它们单独的时候更有系统性，这一点有实验的证据和理论支持。这可能是由于平均随机元素减少以及随机出现了系统的成分。"

有一些直观的论点来支持这个争论：

1. 投资的焦点从单个股票转移到整个市场，市场的表现用主要的指数来衡量，如道一琼斯行业平均指数、纳斯达克指数、标准普尔500指数、拉塞尔2000指数及其他的指数。组合以市场指数为参照，表现可以与那些相关的参照指数作比较。的确，挑选单个股票的唯一目的就是能得到组合中的股票的长期收益。

2. 关于投资组合应该由哪些股票构成，选择哪个可用的资产种类，现代资产组合管理理论提供了很广泛的一个观点。股票现在一般都和其他种类的资产结合在一起，如房地产、贵金属、大宗商品、新兴市场的股票和债券，以及其他种类的投资。对资产种类的高度关注减少了对单个股票选择的关注。

3. 有大量的可交易证券以交易所交易基金的形式存在，代表了所有种类的指数。市场参与者将市场看作一个整体，不必选择单个的股票，这样可以更容易地参与。

4. 套利，特别是在主要指数和期货衍生品之间的套利，由于能够用大量的钱立即买卖股票，已经成为一种相当广泛的现象。在这种交易中，股票的基本价值是完全不相关的。重要的是期货和相对应的一揽子股票之间的差价。

在单只股票和股票市场的领域中，已经由小市值的股票占领了。整个交易市场与单只股票相比，有很多不同的特点，不同的玩家，以及不同的运作方法。股票在短期会表现出随机性，市场在短期和长期中都表现出非随机性。这是很重要的一个区分，但是只有很少人重视。

注释：

1. Eugene F. Fama, "Efficient Capital Markets: A Reciew of Theory and Empirical Work," Fournal of Finance, 25(2)(May 1970): p.388.

2. Jacqueline Doherty, "What' with Those Rose-Colored Glasses?" Barron's, Nov.3, 2008.

3. Eugene F. Fama, "Random Walks in Stock Market Price," Financial Analysts Fournal, 21(5)(Sept.-Oct.1965): pp.55—59.

第五章　择时交易

投资者普遍存在一个误解，那就是认为在任何时候都存在买卖股票的最佳时机。

——史提芬·M. 希尔斯(Steven M. Sears)，《巴伦周刊》

在投资界，择时交易这个词饱受华尔街、新闻媒体、学术界、政府监管机构以及主流机构的诟病。他们认为，要想连续、成功地预测市场是不可能的，因此，如果你不是完全不负责任地去尝试的话，预测市场是毫无意义的。华尔街也普遍认为，如果一个人通过预测市场去操作，他只会遭遇亏损或者是降低投资业绩。甚至有人认为，择时交易的行为是对市场的一种危害。在我看来，如果只通过基本面因素，甚至用直觉去预测市场是错误的，注定会导致亏损。但是，关于择时交易是错误的、并不是有效的决策工具这类观点，我坚决反对。历史证明，持有这些观点的人是愚昧的、错误的。

尽管择时交易这个词在新闻媒体、投资界频繁出现，但对其定义并不统一。如果你在网上搜索这个词，将出现很多不同的定义。一些定义特别指出，择时交易是指在几年前的共同基金行业中，基金公司允许它们的客户在美国股票市场交易结束后以每股净资产购买基金份额的一项活动。通过闭市后的报价单或者来自期货市场、外汇市场的信息交易，一些投资者能够获得收益，但同时也损害了其他基金份额持有者的利益。这些行为都是被禁止的,相关的基金公司当然也受到了处罚。由于没有更好的词汇来定义该项行为,因此,将其称为择时交易。然而,这并不是我们传统意义上的择时交易。

投资界网(Investorwords.com)给出了一个有关择时交易的定义,将其定义为"通过观测近期的市场价格、成交量或者经济数据来预测市场走向,并基于这些预测来进行投资决策"。这个定义抓住了择时交易的最重要两个特征:(1)择时交易是基于技术面分析而不是基于基本面。例如历史价格。(2)它是对整个市场进行预测而不是单个股票的预测。因此,择时交易是通过判断整个股票市场或板块目前和将来可能的走向来改进和提升我们的投资策略的一个系统化进程。

我们经常将择时交易同"一般交易"联系在一起,对后者同样持有负面的看法。尽管择时交易并非一定与交易频次联系在一起,但是,它确实涉及选择进入或离场的最佳时机。一个传统的基本面导向的基金经理将组合价值从 100%提升到 200%(现在并不是不可能的),我们不会认为他是一个交易员或者择时交易者,而将他归为一个资金管理者。然而,一个个体投资者通过决策卖出了所有的股票,即使是在 5 年内才卖出一次,我们也仍然认为他是一个择时交易者。一个简单定义择时交易者的方法是,如果一个股票投资者在任何时候并不总是满仓持有股票,那么,我们认为他是一个择时交易者。

你也许看到很多人将择时交易与积极的投资管理混淆在一起。大部分投资经理会因被混淆而懊恼,认为他们是通过既定规则进行积极管理决策的,他们强烈反对被贴上择时交易的标签。积极的投资管理是指投资经理持续地监控所管理的股票组合,是组合经理和基金经理所采用的投资策略。如果我们不选择资金管理人,我们可以采取消极的投资策略,通过创建一个指数基金组合、目标基金组合或者交易所交易基金即可以实现,无期限地持有它们,并不需要持续的监控。对于一些个人或委托的经纪人持有的资产组合,一些处于投资者的积极管理之下,但是,大部分组合根本没有被管理。因此,积极的管理决策与择时交易并没有明确的关系。

择时交易这个词也广泛用于共同基金业中。在共同基金业中,基金投资者可以在任意时间通过点击鼠标在网上交易,实现现金与基金资产的相互转换,无论其规模大小。事实上,这也是现在许多401(k)计划的本质特征之一。迫于竞争压力,基金公司必须提供此项服务,但又不乐意看到大量投资者一起买入或卖出基金份额,因为为了保持对基金份额持有者的诚信,这将迫使投资组合经理准备大量的现金或者清算大部分投资组合。上述的实现过程也被认为是导致近期在交易日最后30分钟市场出现剧烈波动的首要原因。为了避免投资者这些行为影响它们有效地管理基金投资,许多基金公司会在其合同当中写明它们具有约束投资者频繁进出的权利(例如,限制择时交易)。从投资经理的角度来说,他们喜欢那些从买入基金份额后就置之不理的投资者。但是,约束或者禁止投资者在基金份额和现金之间转换的能力,就好比在剧院里起火时,拒绝将疏散出口开得足够大,不让观众顺利逃生。

基本面分析作为一种纯粹的投资方法,出于其本质,并不能用于预测整个市场的运动方向。因此,投资者必须求助于宏观经济学家或者一些善于技术分析的分析师。华尔街向来不喜欢技术分析师,股票经纪公司也仅仅基于宏观分析推荐股票。宏观经济分析在分析市场大趋势时是有用的,但是几乎不能够精确地确定具体的反转点位或者什么时候市场趋势即将发生反转。因此,华尔街在股票、债券、现金等这些资产配置的推荐的观点很少有细小变化(下面将具体详述)。我认为,让投资者总是满仓持有股票的观点是极其无知和不负责任的,但华尔街总是幼稚地这样认为,这也表明了华尔街投资经理不愿意雇用技术分析师的立场。在某个时段投资股票是有利的,而又在某个时段投资股票是不可取的,这个观点对于想要长期投资股票取得成功是至关重要的。无论我们是怎样决策,投资机会什么时候产生,我们自己是有决策权利的。当机会出现时,我们才买入我们看好的股票来最大化我们的财富。

原谅我的择时交易

从常识上讲,认为在股票市场进行择时交易不是一个完美的投资策略,或者认为严格基于这些准则不能形成投资策略,是毫无依据的。基于连续性准则,既然在个股买卖上使用择时交易策略是可接受的,为什么我们不能在整个股票投资过程中接受它呢?在经济不景气甚至大萧条时,我们为什么还要死守那些防御型股票呢,就因为预期它们的股价会跌得少点吗?清仓股票是最好的选择,为什么我们不这么做呢?为什么我们觉得好像有义务一直持有股票?是那些在互联网股价高峰前卖出互联网股票的人,还是那些彻底卖出所有股票的人犯了错误或者显得更愚蠢?他们在一路下跌中持有股票,难道真的更好地维护了我们的金融系统稳定吗?这些观点是多么的荒谬而又十分的普遍!华尔街不能够提供有效的择时交易的工具并不意味着我们需要跟随着他们走。让我们看看他们带领我们走向何方。

从定义上讲,所有我们这些(包括个人、基金以及类似机构)在公开市场买卖股票的人都是交易员,而不是投资者。我们往往基于一些幼稚的观点和预期购买股票。常见的一个观点是,我们认为在任何时候股票的收益率都高于债券、存款或者银行存单,因此购买股票;另外一个常见观点是我们购买了公司的股票就好比投资了该公司,这些观点都是错误的。股票二级市场等同于一个巨大的互换市场,交易所仅仅是个交易股票的场所。除非你是一个 IPO 市场的投资者,你投入的钱并没有进入到公司实体。你的钱进入的是另外一个人的账户,他是用股票跟你交换的。甚至在 IPO 市场的投资者也并不完全是纯投资者,因为他们大部分的钱进入了早先的 IPO 投资者、公司创业者和风险投资者的账户。只有那些公司初始资本投资者和私募股权投资者才算是真正的投资者。我们其余的人员从本质上讲都只能说是二级市场的交易者,无论我们持有股票多长时间。

那么,我们通过不停地加仓减仓一直持有股票的目的又是什么呢?也就是说,你必须持有股票好几个月或者好几年吗?坚持这种观点的人,往往倾向于过度自信,而对他们股票组合中存在的风险置之不理。有些人认为他们将获得长期的正收益,当市场遭遇本质的下跌的时候,往往使他们陷入困境。一个投资者,没有严格的止损(当价格低于你事先确定的一个值时卖出)和一直坚定地奉行买入长期持有策略,必然遭遇市场的下跌阶段。最后,股价的连续下跌侵蚀了前面积累的利润,市场呈现出漫长的熊市,投资者在进退两难中遭遇损失(记住,等到政府官方宣布经济进入萧条的时候,市场已经下跌得很厉害了,你的账户已经出现了巨大的损失)。出于风险厌恶和避税目的,很多投资者都套牢在里面,没法出局。最终,在无力承受将来可能遭受的更大损失的时候,他们被迫割肉出局。基金管理人还一直责备投资者错误地过于恐慌地在市场底部卖出股票。事实是,市场往往并没有从深度的下跌中开始回升,直到一系列救市措施的消息出现。这对投资者来说也只是杯水车薪了,因为他们已经不能再承受损失了。必须注意到,正是投资者固有的买入并持有的思维,导致了如此痛苦地割肉离场的场景出现。

当然可以肯定的是,持有股票不动也是出于经济动机的。太过度的频繁操作会产生高额的交易费用,这将有损投资组合的业绩。为了验证过度交易对收益的负面影响,巴波教授和欧汀教授的研究表明:在1991～1996年所调查的66 465个拥有较大经济费用优惠的股票账户显示,绝大部分的年化收益率为11.4%,而市场回报率为17.9%。而且税收对短期盈利是不利的,如果你持有股票时间足够长,通过将未实现的盈利的股票用于继承或者捐助给教堂,你还能实现避税。因此,你做出卖出股票的决定,是要经过经济考虑的。然而,在任何关键时点,当买卖股票是有意义的时候,我们为什么不根据指示操作呢?考虑到税收和交易费用后,如果择时交易是有利的,我们有什么理由不这么做呢?

华尔街不擅长择时交易

华尔街对最后一个问题的简单回答是，如果你择时交易，将会遭受损失，因为你不可能取得成功。他们的理由是，你不可能在一个由基本面主导的投资环境里有效地进行择时交易。基于技术分析的择时交易与基于基本面选股的策略表现出巨大的冲突。基于基本面选股的策略是考虑股票是否被低估，而不在意时机的选择。而技术分析的实质是基于历史价格分析，而不考虑基本面因素。具体操作时，我们不可能简单地各自基于两种策略作决策。如果你买卖股票是基于基本面分析，而不考虑时间因素，那么你只算是一个聪明的财务专家；但是，如果你只基于技术分析，例如图形与价格表，那么在华尔街眼里你是被诅咒的。在大部分专业的投资机构眼里，技术分析被认为是巫术。

另外，为什么华尔街不从事、支持择机交易还有一个原因。他们认为择时交易不是一个管理财富的谨慎方法，不能用于金融信托关系的实践当中。在法官和监管者的眼里，将所管理的客户账户资金全部买入股票是完全可以接受的(至少对激进型账户来说是如此)，然而，将客户账户百分百地持有为现金却被认为是不够尽职的(甚至是在处在股灾当中也是这么认为)。对一个基金经理、组合经理、收费的咨询师、信托机构来说，这至少意味着即使他们这么做，也会被监管者打压下去的。更糟糕的是，他们并没有在市场疯狂下跌时让客户全部清仓离场，而在市场已经回升时客户账户却依然持着大量现金。他们这样是应该被客户起诉的，而且客户很有可能会赢得诉讼。因此，因择时交易犯错而招致的失去业务或者起诉的惩罚，远远大于让投资者在下跌行情中满仓持股遭受损失而遭受的惩罚。

华尔街一直想让我们相信，任何时候投资股票都是合适的，从来没有坏时机。他们认为仅仅是购买什么股票及确定股票和固定收益证券组合的问题。对于择时交易，他们的标准回答是，一年当中总有几次大行情，如果行情起来时你没有持有股票，那么，你将遭受损失，而且因为你不知道什么时候行情会起来，所以，你最好是一直持有股票，长期空仓是不明智的。当然，华尔街花费了几十年的时间来完善他们的论调。华尔街的经理们说，因为他们没有方法来确定上涨的日子什么时候到来，也不想去猜测。在某种程度上，他们是对的，但是也有点牵强，因为能避开一年中的两到三次大跌将明显地提升你的年化收益(不考虑税收因素)。更深入地讲，时机把握并不是要找出一年中的这两三次的极端日子，而是要找出一年当中，股票有投资机会或者不利的时间段，它们有可能是几周或者几个月。极端的行情并不是时刻都会产生，它们也是顺着市场波动产生，而且市场许多大的反弹行情都是在经历市场大跌后超跌反弹。对此，经纪商却不会做出任何反应，只告诉你这样择时交易太冒险了。因为他们没有相应的机制去应对这些状况，他们也就不可能承担择时交易策略的责任。而且，对他们来说，你持有股票所产生的负面影响是小于你持有现金所产生的负面影响的。然而对你来说，却完全不同，你的损失是如此之大。

有趣的是，过去常常靠交易量产生的佣金吃饭的投资界内也赞成这个观点。因为现在业界大部分都转为靠收费模型盈利了，在这些模型中，更多的交易往往意味着更大的工作量，而并没有更多的收入产生。因此，他们并不提倡频繁交易了。而且，现在大的经纪公司都开始注重让经纪人去外面开发新的客户资金，而不是让其坐在屏幕前为客户交易产生佣金。因此，即使他们有有效的方法来择时交易，也不会去实施。

择时交易的风险与回报

整个投资界或多或少会认为择时交易是愚昧的，是不可能取得成功的。事实上，尝试择时交易也是容易犯错的，也会不可避免将你置于下跌之中，或者让你错失上涨行情，消磨你的耐心，甚至让你质疑你的交易策略。但是，择时交易也并不是主张满仓进或者满仓出。我们可以通过市场的日常波动图来增加成功进行择时交易的途径，有些还可以降低风险。

如果市场无序地上涨，上涨或下跌的幅度不超过某个固定月份的幅度，那么，我们可以合理地预期全年可以获得历史平均水平(即大约 10%)的收益；但是，如果市场在某些天里上涨或者下跌就到达 5%～10%的幅度，我们就很难再按历史平均回报来预测我们的年度回报了。如果你在错误的时间买入，不只是你整个月份的收益，甚至全年的收益都将非常难看。表 5.1 对比了 10 年间道—琼斯工业平均指数的年收益率与对应年份的全部上涨日和下跌日的总收益波幅，这并不是说要求我们做到在所有的这些上涨日中持有股票，在下跌日中是处于空仓，但这至少说明买入持有策略所获得的年度收益相比这些总波动幅度确实是太小了。

表 5.1　　道—琼斯指数十年间总的上涨日和下跌日收益率

年份	价格总绝对波幅(%)			年度收益(%)	10 天内最大波幅(%)	
	上涨日	下跌日	总幅度		上涨	下跌
2008	186.9	223.3	410.2	−33.8	60.5	60.8
2007	85.7	78.7	164.4	6.4	20.1	24.7
2006	66.1	50.5	116.6	16.3	15.2	14.7
2005	64.7	64.2	128.9	−0.6	14.4	13.4
2004	68.1	64.3	132.4	3.1	14.8	14.1
2003	111.9	88.5	200.4	25.3	26.4	22.0
2002	146.6	162.1	308.7	−16.8	41.5	32.6
2001	120.4	125.5	245.9	−7.1	30.6	33.8
2000	124.1	128.2	252.3	−5.0	28.3	31.0
1999	112.5	88.7	201.2	25.2	22.8	20.9
平均	108.7	104.7	216.1	2.5	27.4	26.8

这至少为我们怎样最大化择时交易潜能提供了一些视角，并将其作为一种策略或者加强我们已有股票组合的管理。从表中可以看出，10 年中，平均每年将近有 109 天的上涨，超过 107 天是下跌的，加起来有超过 216 天是处

于绝对波动的。专业的理财专家、投资经理、基金经理往往花了大量的精力来精选有潜力的行业或个股来力求取得超过基准指数的收益率的业绩，但扣除费用后，如果其业绩能够连续超过市场平均收益 100～200 个基点（1～2 个百分点），就算得上是业界内顶尖的投资经理了。从表 5－1 还可以看出，平均每年将近 200%（20 000个基点）的日间市场波动收益（还不包括日内的波动）。如果我们只预期取得 10%的年收益，那么，因为持有股票不动，我们放弃了其余19 000个基点的收益。通过择时交易而不是选股提升收益，仅仅需要我们抓住这超过 1%的绝对波动，这比选择好的股票还有效。

让我们来看看每年波动最大的 10 个交易日，能看到 10 个交易日任意方向波动的总幅度比一年的收益率还要大（例如在 2007 年，10 个最大波动交易日的，总上涨幅度是 20.1%，总下降幅度是 24.7%，而整年的回报率仅有 6.4%）。这告诉我们，在一年中，即使没能抓住其中一些大波动日，甚至完全排除它们，我们也能轻松地取得高于买入并持有策略的 2 倍收益。另一方面，也表明，我们能够通过在一年中部分时段中操作就能保证整年的收益率，而在其他部分时间投资无风险收益率。当然，这只是从理论角度上来说的，你也可能在市场上涨时，因为没有持股或者做空而遭遇损失。

择机配置资产

时机选择一直是基本面分析师的致命弱点，因为公司的业务以及财务状况是不断变化的，他们仅能就公司某个时点的价值做出判断。当然，对一个非上市公司来说，基本面分析也许是评价公司价值的唯一途径（至少能够提供参考价值）；对上市交易的公司来说，基本面分析就显得没有作用了。事实上，我们也看到，市场走势往往与基本面产生严重的背离。传统的基本面分析能够在某个时间立即对公司的基本面做出判定，而且可以告诉你哪些公司相对来说具备投资价值，但是，他们却无法告诉你此时是否是购买这些股票的最佳时机。

面对上述困境以及择时交易确实能够很好提升投资组合业绩这个事实，基本面分析者只能求助于通过资产配置来替代择时交易。大部分的投资组合的资产配置都是局限在股票、固定收益债券、现金之间进行。基于组合风险最小化、利润最大化的理论依据，组合经理主要通过配置以上三种主要资产来满足投资者的风险偏好，其次才考虑市场的实际状况。现代投资组合管理理论指出，通过组合资产的多元化配置，能够实现最小化风险，而最大化组合收益。但是，投资组合理论并没有在投资经理发现一种资产比另外一种资产更有吸引力时，建议其做出改变。不过，许多投资经理及其公司在股票和债券价格价值面临巨大变化时，会对组合的资产配置做出调整。

组合中过多配置现金会拖累整个投资组合的业绩，因此，配置一般在0～10%，超过这个配置额度将会面临组合业绩差于基准业绩和同业业绩的风险。而且，过高的配置现金，投资经理也害怕接到愤怒的客户的电话“我们不会为资产配置超过1%的现金的投资经理支付报酬的！”(具有讽刺意味的是，当形势所迫，必须持有现金时，客户绝对应该支付投资经理工资。但是，他们往往认识不到这点。)

典型的是，一般合理的组合配置股票的比例应当在50%～80%，除非客户相当保守，想要主要配置固定收益证券。为了改善投资组合的业绩，投资经理在觉得市场条件具备时，也会改变原有组合的三大资产的配置比例。通常情况下，投资经理也只是想想，而不会去做。更糟糕的是，这也仅仅是出于本能反应，而并不是出于防御型的。2007 年 10 月，很少有投资经理建议他们的客户卖出股票，但是，在接下来几个月的暴跌里，很多人认为他们这样做了。为了让经纪人和客户感觉到公司推荐的合理性，很多大的经纪公司只发布一个单一的宽泛的有关股票、债券、现金等资产配置的投资建议。但是，因为公司发布的是针对所有客户都适用的一般化的资产配置建议，缺乏具体的可操作性，很少有客户配置的股票资产低于50%～55%，现金资产高于15%。他们认为，尽管整体股票市场、债券市场行情看起来并不好，但是，客户应该或多或少地投资于它们。通过这样的方式，经纪公司仅仅粗略地给出时机选择投资建议,又避免与个股的推荐建议相冲突。然而,非常不幸的是,经纪公司有关资产配置的建议对择时交易来说,非常不具备可操作性。

道—琼斯理论与择时交易

查尔斯·道(Charles H.Dow),一个《华尔街日报》的编辑和合伙人,因他的市场波动理论和创立了道—琼斯综合指数而闻名,他撒下了择时交易的"第一粒种子"。道创立了以他名字命名的道—琼斯工业指数和道－琼斯运输指数。在18世纪后期,这些指数只在《华尔街日报》的一个小版面发布。道死后20年后,威廉姆·皮特·汉密尔顿(William Peter Hamilton)收集了道的手稿并写入《股票市场晴雨表》(*The Stock Market Barometer*, Harper & Brothers, 1922)一书中,发展了其理论,更好地为公众使用。

道发现市场波动往往伴随着三个波浪的出现:主浪(是牛市或者熊市主要趋势,持续至少1年,一般4～6年)、次级浪(主浪中的反复浪,一般持续10～60天)、日常买卖交易间的波动浪。道认为,市场本质上是经济活动的晴雨表(也就是我们现在所说的领先指标),其理论本质是,你可以通过其均值,确定市场所处浪中的位置,作为我们投资择时交易的依据。汉密尔顿说道:"它本质上是用来预测商业活动的前景,这也正是道—琼斯理论的价值之所在,伟大的原因之一。股票市场本质上是一国的经济甚至是世界经济的反映,这个理论告诉我们怎样去解读它。"

伴随着经济活动的起伏,股票市场也呈现出周期性的涨跌,而且这些现象能够被很好地描述出来。这些事实,对股票投资者来说是一个重大的突破。道—琼斯理论的核心在于确定其主要趋势浪,其次对股票市场做出一个非常有价值的前瞻性预测。同时,它也至少提供了一个有力工具来帮助我们判断什么时候持有股票是有利的,什么时候不应该持有股票。不过,汉密尔顿也承认:"其对股票市场的预测也并不是很完美的。更确切地说,这项年轻的理论远没达到完美的程度。不过,就其承担预测功能而言,从合适的时间长度看，有着出奇的精确性。”

他进一步指出，尽管道—琼斯波浪呈现出明显的周期性，但其各自持续的周期并不相等，如果将其进行数学计算并复制其周期，是有悖于这个理论基础的，是毫无益处的。

1934 年，阿尔弗雷德·考尔斯(Alfred Cowles)的一项研究使用汉密尔顿的市场评论(在 1902～1929 年，汉密尔顿担任编辑时，其中的 255 条评论被作为《华尔街日报》的社论)来判定道—琼斯理论作为择时交易工具的有效性，其结论指出，在这 27 年间，其基于该理论的业绩表现不如整体市场的表现。但是，如果延长时间跨度，由斯蒂芬·J. 布朗(Stephen J. Brown，纽约大学)、威廉·N. 戈兹曼(William N. Goetzmann，耶鲁大学)，阿罗克·库马(Alok Kumar，耶鲁大学)进行的一项公开研究推翻了雷德的结论，该研究发表在《金融时报》上，其研究证明汉密尔顿是一个成功的择时交易者，汉密尔顿的市场指令(比如多头指令、卖出指令或者做空指令)收益经风险调整后事实上超过市场指数收益，而且汉密尔顿的市场指令整体准确率超过 50%。汉密尔顿在判断何时卖空市场的技能更加突出，在这期间，汉密尔顿做空指令的正确率达到 2/3，成功地使投资者避开或者做空了几次大的市场下跌行情。汉密尔顿的策略也被认为相比买入并持有策略具有更低的风险。

布朗、戈兹曼、库马认为，汉密尔顿的结论是有价值的，本着对其(道—琼斯理论)狂热的迷恋，他们在过去的 70 年中继续检验汉密尔顿的择时交易理论(也即道—琼斯理论)。这里有一个难题，他们想要重现汉密尔顿的决策过程，而汉密尔顿只通过报纸发布，而且没有讲述是什么因素导致这样的决策。为了克服这个难点，构建类似的决策命令，在连续的 70 年中，他们研究团队采用了先进的神经网络技术来破译在当时市场条件下的汉密尔顿决策命令。所有的情形都考虑在内，包括大量的假设，他们得出结论，在这段时间中，运用道—琼斯理论所得的收益显著地超过了买入并持有策略所得收益，并且风险比其小 1/3。当然，这并不必然地导致投资经理全部都跑去《华尔街日报》翻阅汉密尔顿的手稿，但这确实本质地支持了择时交易是可行的。研究员们自己也承认这个结论也对有效市场理论造成了巨大冲击，同样包括根据历史价格信息预测市场。

跟随趋势择时交易

道—琼斯和汉密尔顿的理论基础是股价周而复始的轮回交替，跟随其趋势，我们或者买入、卖空，或者持有现金。认清了这三个场景中市场所处的位置，投资者能够通过一揽子股票来驾驭市场波动，而不在意这些个股的基本面。一直以来，对所有市场择时交易理论来说，最终目标都是不变的，即在关键点位决定是买入、卖空或是离场观望。而变化的是，我们可以获得越来越多的投资工具和技术来帮助我们判定机会出现的时机。例如，计算机帮助投资者做出实时评估；大量新的证券工具，比如指数基金和交易所交易基金，使得投资者通过单一的交易不但可以进入或者退出市场，而且可以实现空头头寸，或者杠杆交易(包括多头和空头)。投资者现在的交易成本也比较低，还有一些免税的账户，比如退休账户和 401(k)计划等，这些都有利于投资者实行择时交易策略。

择时交易策略的基本策略是确认股票价格的趋势或者周期，这通常可以被用来确定决策交易点位，是做多还是做空，是实现杠杆化的多头或者空头，是对冲多头或者空头头寸，或者完全退出市场持有现金。从本质上讲，这也就是投资者经常在个股和商品交易中所用的策略——跟随趋势。正如道和汉密尔顿所揭示的，也正如投资者在网上价格图形中看到的，不管你选择什么周期的价格图形，个股和整个股票市场展现出的价格涨跌趋势图并不一定很完美。尽管趋势分析可以在任何大小的时间区间内进行(后面我将讲到，5分钟价格走势图对价格趋势的确认尤其准确)，但是，时间区间越长(例如周线图、月线图、年线图)，价格图形所展示出来的波动方向越明显。技术分析的核心正是判定和确认其价格趋势，许多经常用到的技术分析都是基于这个目的：K 线图、布林线、唐奇安(Donchian)趋势线、价格均线、艾略特波浪理论等。这些理论所采用的确认股价趋势的方法都是独一无二的，但是，目的都是一样的，那就是根据理论判定趋势，选择买卖的最佳时机。因此，择时交易也被看作是跟随整体市场的运动趋势。

把握周期与艾略特波浪理论

许多仅仅基于时间和价格的技术分析手段经常被用来帮助投资者进行决策分析，这在很多技术分析的书籍中都有描述。例如江恩理论（康德拉耶夫周期）、动能指标、推测学、斐波纳契数列等。值得特别关注的是艾略特波浪理论。

艾略特波浪理论最初由拉尔夫·纳尔逊·艾略特（R. N. Elliott）发明，因此以其名字命名。艾略特波浪理论被广泛应用于股票分析，尤其经常被用在罗伯特·普莱切特（Robert Precher）写的书籍、文章当中。尽管波浪理论背后有着本质的数学逻辑，投资者可以以不同的方式在金融市场加以应用，但普莱切特正是一个成功的实践者。普莱切特的独特之处在于他既不是一个数学家也不是一个工程师，而是一个哲学学位获得者。其哲学思维能够让他将股票市场行为与社会现象联系在一起，因此，他也创立了一个独特的分支学科，他称之为社会经济学。这也即是学术界所谓的行为金融学。

普莱切特描述的波浪理论，将金融市场涨跌划分为主要浪、次级浪及调整浪，这和查尔斯·道的理论是类似的。只不过查尔斯·道的理论还通过一系列更能反映波浪本质和形态的规则，描述了更多规模和更广的波浪图形。与道—琼斯理论一样，艾略特波浪理论也是一套独立的能用于择时交易的方法，同时也能作为其他投资的指导。与料想的一样，华尔街大佬们对其态度与普莱切特完全相反。但是，财经媒体发现，普莱切特是为数不多的对 1987 年的股灾以及互联网泡沫进行精确预言的专家之一。在预测 2008 年的股市下跌中，普莱切特也饱受赞誉。对于股市的长期预测，普莱切特认为现在股市已经达到峰值，而且道—琼斯平均工业指数将在 21 世纪中期到达底部，预期相当悲观。不管正确与否,普莱切特是为数不多的在金融市场中使用择时交易去冒险的人物之一,也是为数不多的能够透彻理解人类行为与金融市场关系的人物之一。

时机选择与投资策略

在这一章中,虽然我试图改变择时交易的负面形象,试图让择时交易成为一种在改善投资策略、形成投资决策方面可信赖的工具,甚至直接通过择时交易来构建交易策略,但我并不鼓励每个投资者都进行择时交易,也不认为它是一套万能的交易系统。尽管华尔街可能对择时交易心存偏见,但是,我们看到它确实能够有效地给予警示,当市场面临损失的时候。没有借助正规的工具,仅仅基于市场反应来进行择时交易,则可能失效。而且没有哪个工具能够精确地找出市场的底部或者顶部,因此,择时交易也并不是完美的。当然,对于这一点,基本面分析也是无能为力的,尽管我们相信,在许多股票博弈中我们是有立足之地的,但是,更多的随机性往往超出我们的预期。每一种股票技术分析,毫无例外,都存在弱点,都会不可预期地犯错。

从风险的角度讲,使用简单的择机机制来决定持有股票或者持有现金实际上会降低组合的风险。当然,如果在市场上涨时你持有现金,你的收益就会降低,但是,从任意过去的年份里来看,部分地买入或者卖出的操作方法相比总是一直持有策略具有更低的风险。有套期保值的多头头寸(例如,对冲而不是完全持有现金)也同样具有更低的风险。卖空与增加头寸杠杆都将增加风险。因此,择时交易策略是否增加风险取决于其采用的方法。

考虑到市场价格波动的幅度,相对买入并持有策略预期获得的收益,择时交易策略确实存在更大的机会。正如布朗、戈兹曼、库马他们的研究指出,择时交易(正如先驱们查尔斯·道、汉密尔顿所初步应用的)值得我们更多的关注。我们现在已经知道,买入并持有策略的收益是不尽如人意的,通过精选股票的交易策略所获得的收益也是不令人信服的。也并不是为了与其他成千上万的投资者比较投资业绩，投资经理、分析师等这些人都致力于精选股票，仅仅是为了相比空仓观望看起来更讲得通些，即使空仓是更合理的选择。

注释：

1. Steven M. Sears, "Who Knows What's Next for This Market," *Barron's* August 21, 2008.

2. Brad Barber and Terrance Odean, "Trading is Hazardous to Your Wealth: The Common Stock Investment Performance of Individual Investors," *Journal of Finance*, 40(2)(April 2000): pp.773—806.

3. William Peter Hamilton, *The Stock Market Barometer* (New York: Harper & Brothers, 1922), p.40.

4. Ibid., p.53.

5. Stephen J. Brown, William N. Goetzmann, and Alok Kumar, "The Dow Theory: William Peter Hamilton's Track Record Reconsidered," *Journal of Finance*, 53(4)(August 1998): pp.1311—1333.

第二部分
行为、行为还是行为

第六章　非金融角度的金融新思维

正如(多利夫)议员所说的,市场是对每个参与者的所想、所知、预期、希望及信念的反应——市场是一个不见血的杀场。

——威廉姆·皮特·汉密尔顿(William Peter Hamilton),

《华尔街日报》编辑,1922 年

主流的金融学派认为,人为因素在一个有效的、逐利性的金融市场上的表现是静态的,同时指出,人为因素的影响是短期的、不可预期的和自我抵消的。但是,在我们股票市场的历史年鉴上可以看到,我们所崇拜的金融大佬都承认,就像本章开头所引用的话,社会环境和行为对股票市场有重大影响。尤其是在过去的 30 年里,大量的著作、学术论文通过论证证实了人的心理因素对我们的投资决策有着重大的影响,认为人为因素影响是持续的、系统的、实质的,并非是自我抵消的。但是,我们的投资者在投资决策上并没有考虑这些因素。为什么我们都拒绝承认这些重要现象的存在呢?

部分的原因可能在于,尽管我们有很多关于人类行为的研究,但是,很少有研究建议将这些研究成果与我们的投资决策整合起来。更主要的是,这些文献都注重于个体投资者而不是市场,注重建议个体投资者怎么样去认识个人心智对其投资和交易的影响,希望股票投资者能够学会避开其对投资的不良影响。这本书基于完全不同的方法。我认为,我们应该将我们作为一个整体考虑，来认识我们的行为将会对市场产生的影响，承认我们本质上在进行投资决策时极不喜欢做出改变。换句话说，在投资理念中，我们应该承认我们的行为对市场的影响，而不是局限于将个体行为用于优化我们的投资决策。

只要人参与市场当中，人为因素就不可避免地影响金融市场。成交量研究及经验研究表明，人为因素是一个动态的、复杂的、系统的组成部分。我们的情感也许是短暂的，但是，我们的心理构造确实是根深蒂固的、长期存在的。而且，我们的整体行为是可以预测的。它是系统的、重复出现的、可预测的。尽管难以证明，但实际上，人为因素在市场当中表现为一个积极因素，而负面因素则是可忽略的。

在传统的金融市场参与者看来，包括大部分投资者、金融专家、学术界以上的同事，我的这些观点都被认为是异类的。由于某些误导的缘故（也与人类心理学有关），人们普遍认为，金融市场是由金融家主控的，心理的缺陷对我们只会产生障碍。我们嘲讽我们的行为因素，认为上帝都不会答应我们雇用心理学家们来管理资金。我们彻底错了，并不是说与金融家们无关，金融家是市场的引擎，而且影响我们的行为。但是，“我们”才是市场的主控力量，在“我们”的心理构造影响下的错综复杂的投资者行为才是市场行为的决定者。英特尔公司下一年度的盈利毫无疑问对其公司股价的走向具有影响，但是“我们”对其盈利的主观预期和在任意时刻我们愿意为其支付多少对价，决定了英特尔公司股票的实际价格。

我们对股票市场的看法绝不是一成不变的。我们总是过度乐观，就像对待天气一样，往往期盼着好的天气状况，开心快乐地过着每天的生活，而忽略了随时可能发生的极端天气。飓风就是这样一个例子，对于飓风，我们并没有建造坚固的房子，采取足够的应对措施，甚至在飓风灾害多发地区也是如此。通常，我们会遭受其灾难，并意识到灾难会发生的事实。在窗户被吹破四次后，一些人才考虑加固它们。在股市投资中，我们也往往是这样的，过于自信。可悲的是，我们往往被业内人士、政府、媒体、咨询专家等唆使这样去做。他们崇尚的是买入股票并持有,并不选择择时交易。结果,我们都受其影响,被灌输了这样一些思想,认为择时交易是不好的,毫无意义的,卖空即使不是不道德的,也不是作为一个投资者应该做的。我们被安抚在破旧不堪的房间里,遭受着飓风的威胁。最大的讽刺是,股票市场的风波并不是上帝制造的,而是我们自己。

市场是关键

普通人都相信,广告部和市场部工作者非常善于利用消费者的消费特性和心理缺陷来谋利。他们狡猾的广告语、丰富的想象力、精明的报价、温柔的语调无一不是为了吸引消费者的注意,引起共鸣,让其心动并消费。广告部和市场部工作者一直在研究、利用消费者的心理和行为特征。总统候选人总是系着红领带,穿着白衬衣、蓝色西装,并不是偶然的。

一些金融机构工作者已经在关注预测人类行为了,但奇怪的是他们隶属于市场部门而不隶属于投资部门。我有一个从花旗银行退休的老相识,曾是公司信用卡市场部的副主席,他告诉我花旗银行每年花费了大量的资金用于市场调研,他们利用调研结果巧妙地向数百万的公众投递了直邮信件,预期将有10%的回复率。同样地,他们也研究信用卡消费者的消费和支付习惯,用于向特定的消费群体发放信用卡,并刺激他们使用。这正是对行为科学的应用,当面对大量的群体时,我们能够对其行为分类并进行量化。基于此,如果我们假定股票投资者的行为也能够进行类似的量化,这将是一个多大的飞跃啊!

另一个故事,是发生在我就读于奥尔巴尼洲的纽约大学快毕业的那些日子里。那时,我在托马斯・斯坦利博士(Dr. Thomas Stanley)旗下研究市场。托马斯斯坦利博士是一名金融市场的专家,后来与威廉・丹科(William Danko)一起合著了《百万富翁的下一道门》(*The Millionaire Next Door*)。斯坦利博士早期有一个为纽约州奥尔巴尼市银行所做的研究项目,他的主要任务是研究什么因素促使人们选择不同的银行。他通过大量的调查来考证不仅仅是所选择的银行,更主要的是人们选择银行的哪一个分支机构。结论是这样的:主要有两个关键因素决定了人们选择相关银行和分支机构——便捷性与银行的建筑特色。尽管银行有着用更高的利息和其他优惠诱惑,但是,客户持续光顾一家用石头和砖块而不是钢筋和木材砌筑的银行建筑的原因是因为待在里面有家的感觉。

1978年,我在纽约证券交易所工作的时候,我雇用斯坦利博士为我分析交易所主持的一项有关了解个体投资者的研究。其研究采访了全国2 000个家庭,打印的调查数据几乎铺满了整个房间。这项研究在本书的引言里有详细的描述。我要求斯坦利博士分析这些数据,并告诉我结果。斯坦利博士将所有的数据进行了多元化计算机分析,该分析过程不仅仅局限于具体问题的答案,而且允许电脑分析所有变量,然后找出共同因素。经过几周的分析后,斯坦利博士仅给了我一个词:心理统计特征(Psychographics)。当然,在华尔街,从来没有出现过这个词。这意味着,不同投资者行为的决定因素不是他拥有多少金钱或者居住在哪里,而是他们的心理形态。

业界内从来没有如此大规模地去尝试理解投资者,看到我们这个研究结果,就好比一位地质学家第一次研究从月球来的岩石。不用多说,华尔街在听我们的讲座,看了我们长达150页的报告后并没有对此产生怀疑。具有讽刺意味的是,几乎是在同一年,学术界人士,比如普林斯顿大学的丹尼尔·卡尼曼(Daniel Kahneman)教授,斯坦福大学的阿莫斯·特沃斯基(Amos Tversky)教授开始引入投资者行为来研究投资决策,并在学术期刊上发表该研究成果。

行为金融先驱小罗伯特·R.普莱切特

在小罗伯特.R.普莱切特对行为学做出重要贡献之前,还没有哪本书籍将人类行为与金融市场联系在一起。在许多现在的行为金融学者获得他们的学位之前，普莱切特已经是一个直率的行为金融学拥护者，他是行为金融学的先驱。迄今为止，普莱切特是唯一一个在行为金融领域拥有心理学学位的学者，而心理学与金融学或经济学往往是相互对立的。关于这方面的书籍，他写得比任何人都多。

普莱切特大量的著作都将他广泛的心理学和社会学知识与拉尔夫·纳尔逊·艾略特的(R. N. Elliott)著作结合在一起。拉尔夫·纳尔逊·艾略特，早在一百多年前就将人类行为及社会趋势与市场波浪融合在一起，这些波浪反映出了社会情绪在悲观与乐观之间的演变。普莱切特将艾略特波浪模型应用于不同的社会情绪和金融市场，并用来论证社会情绪是怎样影响股票市场趋势的，并认为经济表现对其影响与传统的观点相反。他认为"事件并不形成市场推动力，而是市场后面的力量促使了事件的形成"，另外，他也指出"可以证明，是人类大量的心理预期反映着经济晴雨表的变化，即我们熟知的道—琼斯工业平均指数的变化。"

尽管普莱切特在华尔街从事工作，并精准地预测了 1987 年股市的崩盘，但他并没有受到华尔街的尊敬。他依然坚守在这个领域，并在后来又成功地预测了市场许多重大事件。本书的许多观点与普莱切特的著作有着密切的联系。我敬仰普莱切特的先驱精神，敬仰他基于信念敢于站在业界和学术界的对立面。对该领域感兴趣的人应该读读他的著作，其比现在出版的有关行为金融的书籍更具有可读性。

内在非理性

在有效市场和随机漫步的世界里，非理性行为假定是存在的，但是只存在于一小部分投资者身上，并且是不统一的。然而，在现实世界中，我们大部分人在金融市场的所作所为都违背了作为一个理性投资者的逻辑标准，而且一直在重复着。这也是研究股票的人和研究人类心理的人之间争论的焦点。

犯错、"非理性"交易是司空见惯的，在信息处理过程中犯错、在判断中失误,在预定策略执行过程中无意识犯错等。个体投资者不断犯错,然而,也仅仅是与事先最好投资策略的稍有背离。正如我们广认同的理论所指出的,无数参与者的错误行为聚集在一起则形成了一个噪音因素,这正被专业的交易员和套利者所利用[经济学家米尔顿·弗里德曼(Milton Friedman)认为非理性交易者将不断地遭遇损失,最终将在市场中消失,因此不对资产的长期价格产生影响]。但是,随着错误连续地、系统地重现,或者由于投资策略的重大缺陷将严重地影响业绩,并最终影响整个市场行为,许多著名的学术专家认为——同时也被大量研究证实——在我们的市场体系中,确实普遍存在系统缺陷,其原因是市场参与者都只是普通的人类。

理查德·H. 泰勒,是芝加哥大学商学院的一位教授,虽然不如巴菲特和索罗斯那样有名,那些没有获得金融学博士的人也很少听说过他,但他确实是当今行为金融领域资深的专家之一。他在大量的论文和著作中写道:"我想大家已经普遍认识到,要想真正明白价格是怎样波动的,理解投资者的投资行为是必需的。"尽管理解投资者行为对股票价格的影响的重要性越加明显,然而要想精确地找出其发生机制还有很长的一段路要走,要找出将其应用于投资策略中的方法仍然还需努力。

投资者听了太多关于传统金融的理论,或许拒绝它,或许存在疑虑,但事实是:我们身在市场之中。至于在市场中的所作所为,我们正是这样做的:我们操作股票以让做空者出局;我们必须知道这些信息——知道股价的下跌;我们通过主观意愿确定买卖价格,粗略地基于公司财务状况做出以既定价格买卖股票的决定。事实上,买卖股票的决策与公司的财务状况很可能是完全不相关的,但是股票价格与我们并未意识到的许多其他因素相关。

学术界越来越多的人承认了投资定价过程中的人类行为因素的影响,对此也进行了大量的研究、分析,并发表了文章,出版了一些书籍。但是,尽管这些出版物已经出版将近 30 年,却很少在金融期刊上被引用。华尔街更没有关于这方面的声音,也很少有人有效地将其研究结果应用于投资策略中去。

善于量化的华尔街

漫长的人类进化过程塑造了我们的身躯和大脑。因此,尽管当代教育不断改进着我们的知识环境,但我们仍然要重视基于心理学的知识框架思考问题,这也是人类经过几千年进化的结果。我们的思考与行动中存在某种联系,我们认为这是非常理所当然的,因为我们对其具体的关联方式是怎样形成的并没有清醒的意识。

这种现象当然并不仅仅体现在金融事件中,它遍布在我们生活的各个方面,心理学家、精神病专家、社会工作者、咨询师以及其他类似的领域。金融是高度量化的,黑就是黑,白就是白,并且是计算机化的,左脑控制的世界。金融教学是量化的,需求也是量化的。进入到金融领域的人也是自我选择的量化过程,全部都是自我延续的过程。这种趋势在最近几十年里达到极致,大量的数理工作者被高薪吸引而来,例如,高级数学家、计算机专家(尤其是那些具有深厚数学功底的博士学位获得者,比如物理学博士)。他们为公司开发模型,设计复杂金融产品,管理自营交易,发明各种套利机制。臭名昭著的长期资本管理公司的量化理论造成了36.5亿美元的亏损,其倒闭并没有降低这个行业对这些人才的需求。一位量化金融师在《纽约时报》的一篇文章中说道:“在华尔街,有上千个物理学家!”毕竟现在几乎所有的投资者都有个人电脑和网络,业内人士必须这样来保持自身优势。不幸的是,正如我们所知道的,这些量化金融专家的水平已经超出了行业监管专家的水平,这导致了抵押证券市场的崩盘以及信用衍生品市场的崩溃,这也正是2008年华尔街金融危机的主要原因,几乎摧毁了我们的金融体系。

即使业内承认人类行为影响着我们的投资决策直至金融市场,但是,如何将其与数理逻辑、金融理论及投资决策结合起来,仍然是令人迷惑的。必须承认的是,对于善于使用左脑的这些人而言,相比不用预测或者数量化,基于心理、情感交易是令人不解的、令人畏惧的。第一,他们头脑中并没有这种思维,而且有悖于他们正常的参照模式。第二,一些金融专业人士从内心里瞧不起这种模式,进而拒绝。华尔街拒绝接受必须雇用行为学专家来为他们分析股票市场行为。在他们投资的时候,有时候也会做一些非理智的事情,他们更喜欢说不要在意这些。这是有悖于他们的逻辑的。在金融界持有这种态度是非常极端的。

尽管存在这些偏见,但如果将大部分人作为一个整体考虑,其行为的许多方面都是可以被量化的。那些在市场一线或者行为研究公司工作的人会给你肯定的回答。学术界的一些学者也得出了同样观点,许多研究数量关系的博士学位获得者也发表了大量的论文支持了这个观点。

非理性的金融学观点

数千年以来的人类进化史已经将人的身体和思想定型,这导致了人类只会根据长时间进化而形成的思维与心理框架来接受新的事物。我们会理所当然地以一种固有的方式去思考或处理事情,长此以往,我们也就意识不到自己思维被定型的事实。

这并不是说,今天我们的社会不擅长处理金融事件(尽管对许多个体而言,毫无疑问是这样的),而是说我们的思维和决策过程并不是必然地具备这些能力。因此,我们倾向于基于不充分的逻辑或者非理性(非理性也质疑了经典金融理论的科学性)的处理方式来下结论和做投资决策。这也正是行为金融核心思想的要点。如果我们的市场参与者整体并不是理性的,金融市场的整体表现也是无效率的;如果金融市场整体并不是有效的,那么,它们并不是随机漫步的;如果他们并不是随机漫步的,那么,它们至少是部分可预测的。为了形成完整的理论逻辑,我们应该关注使我们变得非理性的行为因素,以看清楚市场预测的内部本质。

注释:

1. Willam Peter Hamilton, *The Stock Market Barometer* (New York: Harper & Brother, 1922), p.8.

2. Robert R. Prechter, Jr., *Pioneering Studies in Socionomics* (Gainesville, GA: New Classics Liberary, 2003) (excerpted from "The Elliott Wave Theorist," August 3, 1979).

3. Richard H. Thaler(Ed.), *Advances in Bebavioral Science—Volume* Ⅱ (Princeton, NJ: Princeton University Press, 2005), p. xi.

4. Dennis Overbye, "They Tried to Outsmart Wall Street," *New York Times*, March 9, 2009.

第七章 行为金融现象

经济学是一门关于人类个体行为的社会科学，是金钱关系相互作用的结果。

——威廉·F. 夏普(William F.Sharpe)，诺贝尔经济学奖获得者

在金融投资中，充分理解人类心理是如何影响投资行为，充分分析人类行为是如何影响市场，这是一项艰巨而富有挑战性的工作，庆幸的是，我们已经取得了巨大的进展。丹·阿雷利(Dan Ariely)在他的著作《怪诞行为学：可预测的非理性》中，将投资者行为描述得相当新颖：

标准经济学假定我们是理性人，假定我们了解所有决策的相关信息，我们能够计算出所面临的各种不同选择的价值，我们能够完全衡量确认每一个选择的潜在结果；假定我们能够做出理性的、合乎逻辑的决定。即使我们做出了错误的决定，也认为能够从错误中吸取教训，并保证下次不会再犯。然而，事实是，我们在决策时远没有标准经济学中假定的那么理性。我们的非理性行为既不是随机发生的，也不是无意识的，它们是有规则的、可预测的。受大脑惯性思维的影响，我们经常会犯同样的错误。

哈佛大学经济学教授安德列·施莱弗(Andrei Shleifer)，在《非有效市场》(*Inefficient Markets*)一书中写道：

简而言之，投资者并不承认有效市场理论中所说的信息不足的投资者会

追求消极投资策略。已经证明,投资者与理性经济人的背离现象是普遍存在的。正如卡尼曼教授及里彼(Riepe)教授在《1998 年投资者日报》(*Journal of Investing* 1998)中指出的,在许多基本的领域,人们的决策都背离了标准决策模型。我们简单地将这些领域划分为三个类别:对待风险的态度、非贝叶斯方程预期、形成问题框架的决策敏感度。

至少在以下三种情况下,投资者在参与市场时表现出的行为与有效随机市场所遵循的有着显著的不同:

1. 投资者并没有通过一种冷静的、合乎逻辑的方式来评估风险。在评估收益或者损失时,他们倾向于依据个人因素设置参照点。另外。他们倾向于"损失厌恶",即为了规避风险,他们宁愿支付对价,或者愿意接受更低的收益,尽管在基于预期收益其承受的风险是合理的情况下。投资者也倾向于继续持有亏损的股票,因此,相比于更换其他股票来说,现有头寸也承受了更多的风险。

2. 一般情况下,并不像贝叶斯理论那样,投资者不可能合理地评估不确定性结果的发生概率,因此,往往错误地评估备选方案的预期值。典型的例子是在评估将来价格时,更加注重基于近期的历史信息,相比早期的历史信息(例如,仅仅因为上一次飓风发生在 1992 年,而倾向于忽略飓风在该地区再次发生的可能性)。

3. 投资者往往基于问题呈现的不同形式,做出不同的备选结果,表现出框架效应。

直觉推断

直觉推断这个词,在华尔街词典里是不可能存在的,但是,在人类心理学世界里非常流行。直觉推断是我们做出决策的一种方式,是基于内在逻辑的一个思维过程,是无意识的,是我们最快捷的决策方式。我们具备的能够及时避开一大群飞奔的猛犸象践踏的决策能力远远强于我们精确地去分析其可能的路径,以及估算出其踏在我们身上概率的能力,这也是我们在进化过程中生存能力的体现。

大多数人都存在直觉推断,我们的思维也受其控制,这使得人们的行动总体上趋于一致。在投资决策过程中,直觉推断影响着投资者在金融市场中行使自我角色的方式。不管你是个体投资者还是金融专家,直觉推断的影响都是广泛存在的、持续的、永久的。令人惊奇的是,具有金融背景的人士和交易专家受直觉的影响并不比普通人少。对金融专家来说,直觉推断也许还是新鲜事物,但是,研究行为学的专家已经取得了很多阶段性成果。因此,毫不奇怪,有关直觉推断影响我们投资决策(或者金融市场)的知识演进来自于行为学领域,而不是金融学领域。相应地,几乎所有出版过有关行为金融著作、在行为金融领域有所建树的这些学者先前都不为金融领域和普通大众所熟知,甚至现在还是如此。有趣的是,奠定了行为金融领域下的有关风险和不确定性金融决策理论的正是以色列心理学家,普林斯顿大学教授丹尼尔·卡尼曼以及随后的哈佛大学前教授阿莫斯·特沃斯基。卡尼曼和阿莫斯·特沃斯基在行为金融领域著作颇丰,他们有关行为金融的大量研究和实证的著作已经出版将近 30 年了,然而华尔街和普通大众对他们的名字以及他们对行为学领域的贡献都很不熟悉,更不用说将其应用于投资决策了。

基于这个原因,本章也简单地对这一领域的主要发现做一个回顾。这些回顾简要地介绍了这 30 年来行为学的发展轨迹以及在这一领域做出了巨大贡献的人。想要更深入了解的读者,可以参考附注中的文献。

厌恶不确定性

面对预期收益,以及不确定性,投资者更加喜欢确定的收益。这本身并不令人奇怪,但重点在于人们实际上会为了确定性,而宁愿接受更低的预期收益。这个理论由丹尼尔·伯努利(Daniel Bernoulli)首先于 18 世纪提出,19 世纪 40 年代由约翰·冯诺依曼(John Von Neumann)、奥斯卡·摩根斯坦(Oskar Morganstern)改进的效用理论,现已被广泛接受,其指出:一个理性的决策者(以自身利益最大化为目标)将基于结果的预期效用(或者利益)来决策。简单地说,预期效用等于各个可能事件产生的概率乘以其对应的效用值并加总。例如,一项投资,有 60%的概率获得10 000美元,或有 40%的概率获得5 000美元,其预期收益为:0.6×10 000+0.4×5 000=8 000(美元)。

但是,现实中,任何投资的精确概率是很难确定的。投资者在面临已知概率结果的事件和未知概率结果的事件选择时,会表现出对不确定性的厌恶。投资者不但在预期效用(用于评估未知概率)相等时,倾向于选择已知概率的事件,而且为了选择确定概率的事件,甚至可以接受更低的预期效用。换句话说,投资者会为了获得更确定的结果,而宁愿放弃一些潜在收益。也就是谚语中所说的"一鸟在手胜过二鸟在林"。

卡尼曼和阿莫斯・特沃斯基在 1979 年发表的论文中写道:"基于风险预期的选择结果,其表现与效用理论的准则并不一样。尤其是,相比不确定结果,人们更加偏好可获得的确定性结果。"他们指出,在不确定性条件下决策时,主流的效用理论是存在缺陷的,他们也建立了自己的模型,并称之为预期理论模型。

从本质上讲,所有的股票投资普遍是不确定的。股票投资者接受其不确定性,并预期在未来获得相应更高的回报。从过去来看,相比债券和 CDs,股票投资者能够获得更高的预期收益。尽管预期收益低,但是,许多投资者仍选择投资债券和 CDs。在高风险时期,投资者都转向配置高安全性资产,人为地增加了风险溢价,而获得的却是相比历史调整收益更低的确定性收益。不确定性厌恶与风险厌恶(后面将讲到)类似,但却是有区别的,对投资者有着不同的影响(对于二者关系的一个极端例子是,2008 年 10 月,由于投资者都转向安全资产,形成巨大的投资需求,导致价格急剧上升,国库券收益率短期内戏剧性地变为负)。

这并不是说,规避不确定性是一个不好的投资策略,然而,当投资者都这样去做时,尽管与理性投资者假设相反,对投资者确实是不利的。事实上,截止到 2008 年 12 月,国库券近 10 年的收益率却超过了股票和其他风险资产的10年期收益率。

锚定效应

锚定效应是一种普遍存在的、非常重要的行为学现象，是指在进行价值评估时，例如确定股票价格，我们往往不是根据对象的绝对定位水平，而是根据评估对象与心理某一参照点之间的相对定位关系，来确定其价值。锚定效应由此产生。行为学家不断地发现，在人们对每个对象进行评估时，他们首先在脑海中形成一个确定的参照点，然后以此作为参照点开始评估。例如做价格评估时，先前出现过的价格将严重地影响现在对其进行估价。

锚定效应在价格协商过程中也是一个重要的影响因素。例如，在买房子的时候，我们不会无缘无故地出价，而是倾向于锚定一个要价，然后尝试着在这个价格的基础上再获得一个可观的折扣。在股票的买卖过程中也存在着类似的情况。买股票时，投资者倾向于在最近的交易过程中寻找一个参照点，基于此确定购买价位，并在锚定购买价格基础上，确定卖出价格。

与直觉一样，投资者往往无意识地锚定一个价格，然后无意识地基于此形成一个价格。锚定价格可以是任意的熟悉的价格，甚至可以是一个未经任何评估的价格。一个经典案例是在英国进行的一项调查，被调查者被要求报出他们电话号码的后四位数字，然后要他们猜测伦敦内科医生的数量。他们猜测的结果都倾向于与他们的电话号码数相一致，也即是：报出电话号码后4位为2 000～4 000的人提供的估计数量显著地低于报出电话号码后4位为8 000～9 000的人的估计数量。

锚定效应不但使人们潜意识地形成一个参照点，而且经常使其固守在参照点，即使参照点已经失去了经济意义。经验老到的房地产经纪人会告诉你在上百万美元住宅交易谈判过程中，仅仅因为价值75美元的灯具价格没谈拢而失败的例子比比皆是。锚定效应也使得我们很难根据新信息对锚定的参考点做出调整，从而使我们对信息反应不足。例如，在一个公司突然地发布一个公告后，其股票价格会出现我们所说的“飘移”现象，即在接下来的几天甚至几周里，其股价会本质地顺着初始的股价反应方向运动。

另一个锚定效应的典型表现是，投资者在购买股票时，倾向于锚定最近的一个价格或者区间。一个典型的例子是，当你看到一支股票价格在60～65美元波动时，你可能会在这个区间的下限买入，比如60～61美元。然后股票走高，突破了65美元，比如达到66美元，在确信股价不会跌回60～65美元区间时，你将会抬高你的锚定价格，比如在65～70美元区间，因此，你会在66美元买入股票。这也解释了为什么有些人会在下跌市场中快速买入股票，因为他们先前锚定在一个较高价位，价格回调时他们认为是一个买入机会，而实际上，价格的回调有可能是基于对新信息的反应，而此时的价格仍然可能太高。这也部分地解释了股价逆势反弹的现象。

一个更加复杂的锚定效应实例是有关能够合理地对股票价格进行预测的现象：股价趋势或者称之为"趋势通道"（在第十章将更详细地讨论）。与投资者喜欢锚定在某个固定的参照点一样，许多人也倾向于无意识地将股价锚定在某个固定的趋势上，当然这个趋势可长可短。通过这样的方式，他们以这个趋势线的角度与方向为基准，当股票价格位于趋势线之上时买入股票，当股票价格跌破趋势线时卖出股票。这也许与量能效应和聚集效应有着某种联系，我至今还没有看到有关这方面的研究。对动态锚定的研究无疑是一项非常具有挑战性的工作，不过，历史证据是相当令人鼓舞的，这也构成了趋势通道分析的基准。

直觉效应

心理学家认为，我们的情绪、感觉、感知能力对我们的行为是有重要影响的。直觉效应，是俄勒冈大学心理学教授保罗·斯洛维克（Paul Slovic）提出的一个专业名词，描述我们是如何基于感觉和情感来进行决策的，即使认为我们是很客观、合乎逻辑地进行了决策。作者和马里兰州精神病专家理查德·L. 彼得森（Richard L. Peterson）将直觉效应描述为人们置于复杂判断的一个"标签"。例如，当问及谷歌和IBM时，投资者首先就觉得（随后才思考):"谷歌很好,令人兴奋,而IBM很老了,令人乏味……这些标签常用来做出简单快捷的判断,直觉效应允许我们在时间紧迫和不确定性条件下做出快速的判断。"

斯洛维克和他的伙伴写道:"直觉效应的出现经常令人惊奇和恐惧,令人惊奇的是,它出现的速度、巧妙、精明非常隐蔽,自然得无懈可击;令人恐惧的是,除非拥有深厚的背景和经验,不然,我们也会悄无声息地被误入歧途或者被操控(有意或无意的)。"

研究也表明,即使我们收到与其不相容的信息,一旦我们为某个事物贴上"标签",其将长期存在。这些正面的或者负面的"标签"将扭曲我们的决策过程。体现在股票上的一个最直观的例子就是来自2008年夏天《巴伦周刊》中的一篇文章,该文章中指出,甲骨文公司的经营状况相当不错,然而其股票价格却一直走低,脱离其基本面。其作家专栏里也毫不避讳地指出,甲骨文公司股价被打压的原因是因为许多分析师和组合经理公开表示不喜欢甲骨文的老板拉里·埃里森(Larry Ellison)——并不是因为其管理能力不行,而是因为其个人品行。这正是一个在受情感影响下的决策与客观事实背离的一个典型例子。

易得性偏差

在日常使用个人电脑的过程中,一个普遍特征是人们常用它来处理在我们脑海中最近获得的、便于记忆的信息。当我们思考的时候,倾向于基于更容易获得的近期信息而不是已经封存在大脑深处的信息来判断、决策,尤其是在快速决策时更是如此。因此,当要对某个事物作出判断,或者估算一个事件或结果发生的概率时,我们更加依赖于思维意识中容易获得的例子或者参照物,而且发生越近的、越自身经历的、越情绪化的信息对判断的影响越显著。受其影响,我们的决策过程过于注重利用易获得信息,因此决策结果容易出现偏差。

易获得信息也倾向于改变我们对确定事件的概率和看法。例如,相比一个从没看到过身边有青少年怀孕的人，一名护士对青少年怀孕有着更高的发生概率估计。这当然也能出现在股票市场上，由于易得信息的影响，投资者对于个股或者整个市场会做出错误的推断。

信念忠诚

当你与你最好的朋友谈论某个政治家的时候，你会坚定不移地称赞他所有的荣誉。一旦我们相信某事，即使已经有了显著的反面信息证明它是错的，我们还会倾向于继续相信它，为它辩护。人们表现出信念忠诚，是因为心底里不愿意去搜寻与他们初始信念相冲突的证据，即使证据呈现在面前，人们也倾向于对其进行质疑。

在道德和宗教争端中，信念忠诚经常表现出极端的特征，而其在金融领域也表现得越来越明显，尤其是当投资者遭遇亏损需要有人承担责任的时候。在2008年市场大跌的过程中，投资者遭遇了几十年来从未有过的挫败，到处充斥着责备和谩骂，支持长期持有投资理念的华尔街、金融监管者以及政府机构都受到了严重挑战。事实上，一个新理念一旦形成，将毫无疑问地对我们产生长期影响。

丹·阿雷利在其著作《怪诞行为学：可预测的非理性》中指出："那些一开始相信有效市场理论的人，在经验和实证都证明其错误后，仍然认为有效市场理论是正确的，这一现象就是对信念忠诚最好的解释。"一个与直觉推断相关的概念——"确定性偏差"，是指人们因过度重视支持自己观点的信息，忽略与自己相对立的观点，进而产生认知偏差。在许多例子当中，人们如此固执己见，以至于错误地解释反面的观点，而实际上这些反面观点往往是对的。

保守性偏差

保守主义偏差并不是针对风险而言，而是指一种惰性，不作为。相比样本组合（与基准利率表现不同），投资者赋予基准利率（一个特定事件的假定的概率）更大的投资权重的行为即是无作为的表现。换句话说，与固守他们的理念一样，投资者倾向于盯住一些类似基准参照收益率(例如市场的平均长期回报率)，而有大量的证据表明这样做是不对的。有趣的是，一旦对新信息做出反应，他们又往往反应过度。

处置效应

处置效应，这个我们熟知的行为学现象，与锚定效应与损失厌恶明显地相关，是指投资者过早地卖出获利的股票或者其他资产，以实现收益，而拒绝卖出处于亏损的股票或者资产，不愿意兑现损失，是一种严重的认识偏差。在做出卖出决定时，投资者往往优先受处置效应偏差的影响，而不是基于基本面逻辑考虑以锚定于买入价的价格卖出是否合理。处置效应使得投资者相比小额损失更加注重小额收益，同时也解释了为什么在上涨行情中成交量会放大，而在下跌行情中成交量萎缩这种现象。

禀赋效应

1980 年，康奈尔经济学家、著名的行为金融学家理查德·泰勒，在他的论文中将禀赋效应描述为，人们在拥有一个物品后所卖出的价格明显高于其没有该物品时愿意支付的买入价这样一种现象。这与传统的经济理论是相悖的。传统的经济理论认为，不考虑交易成本时，人们对买入某个商品愿意支付的价格与卖出这个商品所愿意接受的价格是相等的。用加拿大西蒙菲莎大学杰克·内奇(Jack Knetsch)教授的话来说："大量的试验证实了丹尼尔·卡尼曼、阿莫斯·特沃斯基(1979)以及理查德·泰勒(1980)的结论，即基于参照点，相比同样的收益，人们面对同样的损失，感觉更加明显；同样证实，人们愿意放弃一个物品所需要的补偿高于他们获得该物品所愿意支付的对价的好几倍。"

泰勒早期的一个试验，是在众多学生中使用咖啡杯进行自由买卖交易，并亲自监督。试验结果显示，学生仅在对方支付价格达到 7 美元时才愿意卖出，而仅愿意支付 3 美元买入该杯子。在研究禀赋效应和现状偏好(即面对等价交换时，人们倾向于保持现状的现象）10 年后，泰勒得出结论："禀赋效应、现状偏好以及损失厌恶现象是普遍存在的、非常重要的。"

处置效应在投资者决定以什么价位买入股票以及在什么价位愿意卖出股票的决策过程中，发挥着重要作用，因此，其也同样在解释股价波动的原因上发挥了重要作用。不过，股价波动的原因远比迄今为止研究所描述的要复杂得多。投资者都有这样的经历，一旦买入股票后，投资者愿意卖出股票的价格是可变的、动态的，不但随着股价的后期走势变动，而且随着时间变化。例如，某投资者以 30 美元购入股票，并将目标价定为 40 美元；在股价达到 40 美元后，该投资者并不卖出，而是将目标价定在了 45 美元。同样地，如果买入股票后，股价跌到了 25 美元，该投资者就会将目标价降低到 35 美元。该场景重复出现，直到其他有投资机会的股票出现，投资者选择换股退出该股票。因此，股票的禀赋价格并不像有形商品那样是不变的，而是随时变化的。

框架效应

框架效应是指基于同样的事件，由于表达方式不同，而导致人们决策出现偏差的现象。在许多情况下，由于不同的表示方式，选择结果往往表现出很大的差异，明显地取决于表达的方式。市场人员、销售人员、公共关系专家都密切关注人类这一行为特征。例如，一名优秀药品销售员在销售时，采取正确的表述方式更可能取得理想的销售效果，比如她说："使用这种药品，有 92%的人将被救活"，而不是说："使用这种药品，将有 8%的人会死去。"大量的试验表明，如果给人们两个选择项，由于表述方式的不同，导致的选择结果也往往会不一样。投资者做出买卖股票的决定也受着类似的影响。

框架效应的重要性在于，它与理性选择理论有着很大的不同，后者认为人们是理性的，对于同样的选择事件，尽管选项内容呈现的方式不一样，但并不会对选择结果造成影响。换句话说，一个理性投资者将基于理论效用最大化作出买卖选择，而不论选择的具体方式如何。丹尼尔·卡尼曼和阿莫斯·特沃斯基写道："引入心理影响效应（比如框架效应）后，既丰富我们的决策分析方法，又使其变得复杂化。”在该文章中，关于框架效应影响的结论，他们写道：

“在风险条件下的现代决策理论是基于机会博弈下的逻辑分析，而不是从心理学角度的分析和衡量，该理论构建了一个理想状态下的决策者决策的标准化模型，而并不是对真实世界里的人类行为的描述。我们认为，人类实际行为与标准化模型的背离，是非常普遍而不能被忽略的，是非常规则而不能被作为随机误差消除的，是非常本质而不能仅通过放宽标准理论就能采用的。”

赌徒谬误

许多投资者都想将投资区别于赌博，同样地，关于心理作用对投资者的影响也是非常显著而不能被忽略的。例如，在一场赌局中，赌徒在下赌注时，当观察到连续一系列同样特征的数字出现后，他会将赌注下到与其相反的数字上，错误地认为这个趋势将会逆转。他通过粗略地估算，在赌轮转盘连续出现5次红色数字后，认为下一次出现黑色数字的概率将大大增加，机会即将来临。然而，真实情况是，黑色数字出现的概率并不会有任何变化，因为这些是我们已经观察到了的结果。在许多赌局中，赌徒不但在出现上述情形下下注黑色数字，而且还会在再一次连续出现红色时继续增加了赌注（甚至双倍）。他们也许会成功几次（实际成功率低于50%），而且从理论上看，如果有无穷的赌资的话，可以一直玩下去。不幸的是，这正是导致赌徒出局的原因之一。长此这样下去，输光其赌资仅仅是时间问题。

股票投资者很容易通过观察股价走势图，在股价随着时间来回波动时，表现出与上述情况类似的逻辑（尽管股价波动行为并不遵循赌轮转盘的规律——事实上，股价波动受投资者行为影响）。当股价显著地背离参照点，比如均线时，投资者认为股价将出现反转，并将很可能回到均线或者他们自己所选择的参照点，因此买入股票（或者卖出股票）。

这里还有个有趣的故事，英国著名的巴林银行有一位名叫尼克·里森（Nick Leeson）的交易员，被大家称为流氓交易员。里森的投机交易导致了

10亿英镑的巨额亏损，并致使巴林银行最终破产。具有讽刺意味的是，他开始的交易并不是投机性的，并且还赚了钱的。但是最终，他并没有在亏损的头寸上止损，而是继续增加亏损方向的头寸，并采用了更高的杠杆，导致亏损无法弥补，致使巴林银行破产(典型的赌徒谬误行为)。

晕轮效应

晕轮效应是指，如果对一个人、一个组织或者一个公司的某个方面产生好感，人们就会有喜欢这个人、组织或者公司的其他所有方面的倾向。比如人们会倾向于认为自己的子女是好孩子，不会犯错，而他人的子女是没教养的调皮捣蛋鬼！又如，如果我们喜欢一支球队，并一直支持它，由于晕轮效应的偏见，我们倾向于观看他们所有的球赛。同样，基于对一个公司或者它的首席执行官的看法，投资者同样对其股票有着晕轮效应。如果认为某个公司是一个好公司或者认为其业绩将会表现得很好，将会对它将来的预期判断产生扭曲，而不管它目前的估值是否支持该观点。这能够解释，为什么某个公司的估值，例如苹果公司、迪士尼公司，相对同行业能够在长期内保持高估值状态。

羊群效应

人们经常会模仿别人的行为或者采取同一个组织相类似的行动来获得一种舒适感。在社会情境中，我们可以看见羊群行为中的各种形式。比如说购买者的行为，父母对子女的教育，当然还有追求对社会的认可度的时尚。很难去辨别一些人是否模仿了另一些人的行为，因为不容易搞清楚人们内心的真实想法，或者人们仅仅是喜欢去一些人多的地方，但是效果最终是一样的。这就叫羊群效应，是行为金融里面的一个概念。

当投资者观察到另一些投资者采取某一特定的行动时，通常会跟随他们的行为采取同样的投资方式。机构投资者和基金经理在这一方面表现得很明显，他们通常运用同行业里面普遍被接受的规则进行操作。甚至是比一般人更了解股票的证券分析师也经常表现出羊群行为。在纳西姆·尼古拉斯·塔勒布的《黑天鹅》中,他查阅了2 000篇证券分析师做出预测的文章,得出如下结论:

“最终的结果是这些经纪行什么都没有预测——当某个分析师根据一段时间的数据做出了对未来的预测之后,接下来的分析师在进行相同的预测时就不会出现大失误了……预测结果的实际偏差远远超过了不同预测之间的平均差异,这就是羊群效应在起作用。一般来说,分析师应该互相不受干扰才能做更为准确的预测。”

羊群效应可能部分源于投资者都有这种共同的看法,认为别的投资者都比自己更聪明。羊群效应通过减轻由于错误而带来的痛苦从而给人们一种舒适感,这种痛苦也可能源于害怕被遗忘或者错失机遇。因此,尽管一些羊群行为是由于许多人同时的行为造成的巧合,但是,研究显示羊群行为或者从众行为确实能够部分地解释这些行为。

另一种羊群行为的重要形式可以由一些“不能被遗忘的人”解释,特别是当另一些人似乎在挣钱的时候(毫无疑问这是引起泡沫或者狂热的部分原因)。有趣的现象是,购买恐慌比卖出恐慌更为频繁。也就是人们会害怕亏损而快进快出。很明显,担心比别人挣得少,有相似的效应。

另一个在投资者中相关的现象是“聪明钱效应”,即一些人、机构或者组织代表了更高的投资水准和有更多的信息,并且投资也更容易成功。这些有聪明钱的人包括知名的投资者、重要的公募或对冲基金、投行、公司的首席执行官和媒体人士。由于通过网络媒体而免费获得信息使得通过聪明钱效应的羊群行为变得更加严重起来。

在特定的股票或者特定的时间里,羊群效应更为显著,由于人们会在特定领域买卖股票,因此会出现许多定价方面的异象。但是,羊群效应更为重要和长期的影响可能在股票市场,股票价格被长期高估或者低估了。个人投资者的投资行为可能是理性的,然而,从群体方面来看,他们的行为可能是非理性的,从而容易造成股价的剧烈变动,波动性增加,最终导致过度反应和产生泡沫。

可以肯定的是，大多数人都会认同泡沫一部分原因是由羊群行为而引起的，并且恐惧（也可以解释为贪婪）和乐观并存。很多房地产繁荣（或者说是泡沫）是由于人们担心失去房价上涨所带来的收益。高价买入房子的原因是害怕得不到，而不是买入低资产所带来的喜悦。

从长期来看，我同样认为人们的思想被经纪商、货币基金以及媒体所左右，使得股票市场长期被高估。华尔街和他的信徒永久性地处于买入模式，从而引导人们也走入这个方向，即使股市被高估，仍坚持买入股票，从不会去怀疑是否应该投资股票，总是有部分股票被推荐出来。市场配置可能会不同，但是，你会坚持把钱给经纪商或者货币经理会有更好的回报，毫无例外，你会配置 50%～75%的股票，像无助的绵羊，我们不停地买入股票，市场也不断地吸引新的资金进入，因此，整个市场也被高估了。

作为一个个体，我们并不是最重要的因素。机构投资者把我们聚集到一起，相对于他们来说，我们是很弱小的。近几年，人们一致同意将资金从机构更多地分配到其他的资产管理组织，比如说私募股权和新兴市场，但是，羊群行为将这种效应抵消了。最近的疯狂是通过对冲基金来投资，这只会加剧羊群效应，因为对冲基金不仅投资股市，还将更多的钱投入到杠杆工具中，最终会导致更多钱去追逐它。最后，蓄栏装得太满，围栏被挤坏，所有的羊群冲出山头。钟摆朝另一个方向摆去，最终由于反应过度导致资金流出，牧羊人骑上马。

在美国的市场上，羊群效应如此具有冲击力，以致它不仅是一种心理现象，而更是金融系统的一部分。审慎管理的法律规定了养老基金对于投资股市的比例，目的就是要减少羊群行为的发生。

损失厌恶

我很喜欢电影《红粉联盟》（*A League of Their own*）中汤姆·汉克斯（Tom Hanks）的一句台词，他说“棒球运动中没有哭泣！”他可能同样是一位很好的经济学家。根据经济学原理，理性人将利益最大化作为他们最大的追求，同样接受损失也是人生的一部分，当必要时也应该接受它们。但是，我们时常偏离这个经济人假设，一个明显的例子就是我们非常厌恶财务上的损失。我们厌恶损失也就是说我们低估了人类情绪的作用。一些研究表明，损失造成心理上的痛苦两倍于盈利带来的喜悦。

古典经济效用理论认为当二选一的时候我们通常选择带来更高期望效用的一方，期望效用指的是利得的价值和接受价值的概率。因此，在一个赌局中，如果某人有 90%的可能赢得1 000美元，那么期望效用就是 900，但是，实际上你可能得到1 000，或者什么都得不到。如果人们有机会在这个赌局和有 100%的概率得到 900 美元(相同的效用)之间进行选择，大多数人都会选择后者，更倾向于确定的事物。但是，当给定另一个选择：90%的机会损失1 000美元，或者 100%损失 900 美元。大多数人却会选择前者，更愿意冒着风险损失更多而避免一个确定的损失(同样是相同的效用)。这是卡尼曼和特维斯基的又一发现，卡尼曼获得了 2002 年的诺贝尔经济学奖。

为了避免损失造成的心理上的痛苦，人们通常表现出非理性的行为。研究显示，人们愿意多冒风险来规避确定性的损失，或者愿意为规避损失而付出。支付(或者多付)保险(不管是你的房子、汽车还是股票组合)来应对损失是另一个厌恶损失的例子，而不管在经济上是否合理。前哈佛经济学家特里·伯纳姆(Terry Burnham)认为“人们因为极度厌恶损失，而可能产生违背常理的动机，那就是承担巨大的、愚蠢的风险以避免被贴上失败者的标签。”[1]因此，市场上损失厌恶的代价提升了，这与理性人的假设是相违背的，这同人们厌恶损失而以高价追逐短期国库债券只是为了避免股票市场重大损失是同样的道理。

心理账户

传统经济学认为所有的钱价值都是一样的。你左口袋的 10 元钱和你右口袋的 10 元钱的价值是一样的。然而，我们人类通常并不总是这样认为的，心理账户就是用来解释这种现象一个术语。例如，人们通常将他们的资产分成不同的几类（我们称之为“水桶”），并赋予不同的类别以不同的价值效用。比如说，人们通常会在心理上将储蓄桶和投资桶分开。有时候，人们又会将投资的部分分成保守的投资和更为激进的投资。在不同的部分，资金和风险有不同的含义，并且它们之间是不可转换的。

你可能会注意到你穿过赌场入口时，你袋子中的钱呈现出不同的价值。在去赌场的路上，你抱怨油价比平时每加仑多付 10 美分。然而，在赌场里面，你在赌桌上扔出 10 美元或者 25 美元就像扔瓶盖一样。人们在心理上将个人财务分开来看，储存在银行的钱跟投资于其他地方的钱的价值是不相同的。这对于我们来说可能是明智的，但是对于古典经济学来讲却是非理性的。

心理账户有更深层次的含义。夫妻之间经常建立自己的账户（为孩子也会建立一个账户），对于不同的账户也会认为有不同的效用。这可能会挽救（或者破坏）婚姻，对于经济学家来说，这却不是一种理性的思考方式。如果钱是继承下来的，或者说是从婚姻的另一方得来的，那么，情况就更为复杂了。在这个以信用为基础构造成的世界里，我们可能一点也不会惊讶于莱昂娜·荷姆斯莉（Leona Helmsley）给狗留下了 12 亿美元的遗产。

心理账户也用于将我们整个生命中建立起来的财富金字塔进行分类。一般来说，一个人拥有的财富越多，那么，对于安全感和保护的需求也会增加。《超越恐惧和贪婪》的作者赫什·舍林夫（Hersh Shefrin），描述了人们是如何将金钱根据不同的证券和成长性分成不同的等级的。他引用了一项非正式的研究，这项研究表明近 80%的人是用这种思考方式来对待他们的资产的。

可以将心理账户简单地解释为我们对待金钱价值和投资价值的态度是不同的。根据不同的投资，人们的计算方式也会不一样。把钱投资到生物技术这种新兴产业和把钱投入到金矿中是完全不同的。随着时间的推移，财富的不同，生活和家庭的改变，我们对待的方式也会不同。用以前枯燥、简单的经济理论是很难解释得清楚的。

情 绪

我们都知道，情绪可以影响人们的行为，这在金融上也是适用的。由于人们的情况很难在特定的环境下进行量化、隔离和研究，所以，我们不能忽略情绪对于股票市场的影响。情绪通常是转瞬间的并跟其他效应交织在一起，所以，它就变得很难理解了。一个很极端的例子是 9・11 事件中，情绪对于市场的反应是重大的。分析师将人们对于 9・11 事件的负面反应归功于人们情绪的转变，由于当时事件对于实体经济的影响是无法估量的。无论你将这种情绪描述为愤怒、悲痛、消极、震惊或者是所有这些情绪的组合，很清楚的是市场的反应确实是如此之大。与之相似的是，人们的情绪又在短时间内很快能转换为信心十足、果断，以及乐观主义，从而让市场朝着另一个极端发展。

一项研究阐述了情绪的转变是如何影响市场的，我们称之为体育赛事效应。2007 年《金融学期刊》有一篇文章就是论述这个的。作者爱德蒙斯（Edmans）、加西亚（Garcia）和努尔利（Norli）得出的结论是重大体育赛事的失利将会快速地引起股票市场负面影响。原文如下：

根据心理学的研究显示，足球比赛的结果和人们的心情有很强的关联性。本文用国际比赛结果作为情绪的替代变量，用 39 个国家的截面数据分析，一个国家的股票市场很明显地受到足球比赛失利的影响。例如，国际锦标赛上的失利将导致股票指数低于平均指数 38 个点，世界杯上的失利会导致第二天股票市场低于平均指数 49 个点。我们同样研究了其他国际赛事，如板球、橄榄球、篮球比赛。总之，输球效应是由于人们投资情绪的改变而引起的。

日照效应是另一个情绪如何影响市场的例子，并且这种效应是很显著的。怀疑主义者可能对此不以为然，但却是有很多实证支持了这一观点。大卫・赫希菲尔德（David Hirshleifer）和泰勒（Tyler）的一项研究检验了 1982～1997 年全球 26 个证券交易所阳光充足与市场指数的关系。结论表明，“阳光充足与股票市场的日收益率有显著的相关性。雨雪等不利天气则与收益率无关……这些发现很难用传统的理性价格理论来解释。”研究还表明在纽约，阳光明媚的天气的名义年化收益率是24.8%，而多云的天气是8.7%。

美国密歇根州大学的统计显示，投资者的情绪乐观与否代表了公众对于经济的乐观或者悲观。但是，人的心情是多种多样的，从恐惧到兴高采烈。谈及情绪，贝克尔(Baker)和沃格勒(Wurgler)的研究表明，开始的时候当人们的情绪低落时，对于小市值的股票，新发行的股票，高波动性的股票，绩差股，不分红的股票，高成长性的股票以及问题型股票来说随后可能会发生收益反转。另一方面，当人们的情绪很高时，这些股票随后的收益率可能会很低。也就是说，你在人们情绪高昂的时候买入股票会支付情绪溢价，从而获得相对于在人们情绪低落时买入股票时更低的收益率。根据这个思路，我们可以用来判别股市的底部和顶部。然而市场的情况(强或者弱)也影响了情绪，所以应该用极端的情绪来证实或证伪而不是去预测市场底部。

过度自信

过度自信是人类广泛和稳固的心理特性，并且它的广泛性是众人皆知的。人们通常对于自己的能力、婚姻、生意技巧以及其他的事情都过度自信。“心理学家认为过度自信会导致人们高估自己的能力，低估风险，夸大自己控制事件的能力。例如选择证券时人们通常表现出过度自信。”

过度自信在股票市场表现为以下几种方式：

1. 投资者错误估计了交易成功的概率。

2. 投资者不切实际地认为自己拥有别人不拥有的信息。

3. 投资者通常将自己的短期的成功归功于自己的交易技巧而不是运气。

4. 投资者交易过于频繁，从而减少了自己的收益。

巴伯(Barber)和奥登(Odean)对最后一点进行了研究，分析了10 000个投资者的交易账户。他们发现，人们交易得越频繁，收益率就会越低。另外，男性投资者通常比女性投资者交易得更频繁。结论表明,交易过度导致更低的收益率。在一个有效市场中,不知情交易者获得的收益应该跟总体市场的收益差不多。通常来讲,高的成交量代表更高的交易费用,这通常会降低投资者的收益。奥登研究中的投资者通常表现差于市场的表现,即使对交易费用进行调整之后。这表明,散户通常卖出盈利组合,而过早买入亏损组合。

耶鲁大学教授罗伯特·席勒写到:

过度自信的另一方面是人们倾向于在不确定的情形中根据过去相似的情境来做出决策,并假设未来的情形与过去的相似,而未考虑这种相似的程度和概率。特维斯基和卡尼曼做了许多人类这种判断异象的实验。

准神奇思考

罗伯特·席勒另一篇文章描述了人类倾向于认为自己的行为有超自然的能力:"沙菲尔(Shafir)和特维斯基(Tversky,1992)定义了准神奇思考(quasi-magical-thinking)这个术语,它描述了人们有时会错误地认为自己的行为能够改变某个结果,但事实上人们又不相信这种结果会发生。这种行为包括人们自认为可以预言或者改变历史。"在股票市场上,表现为人们长期持有一只价值下跌的股票并认为它会回到原来的价格上去。这就和你相信只要坚定地支持某支球队那么球队就会赢球是一样的道理。

代表性偏误

卡尼曼和特维斯基的研究显示个人倾向于用小样本来代替大样本。在金融的世界里,代表性偏误可能会导致错误的假设以及各种偏差的形成,包括几率忽视和样本大小忽视。在统计学上,这意味着他们错误地运用了贝叶斯准则。简单地说,人们用小样本代替大样本做出了错误的结论。这也意味着他们相信自己做出的结论是随机产生的。

另一种代表性偏误的形式是由舍夫林发现的,他称之为"根据原型判断"。他写道:

德波特(De Bondt)和沙勒(Thaler)发现在过去3年表现不好的股票在未来3年却表现得很好。德伯特发现证券分析师做出的长期盈余预测会由于股票最近表现好而产生偏差。原因在于分析师对于最近表现好的股票过度反应了,对这些赢的组合过于乐观了。

其他的行为金融术语

行为效应很早就得到研究并且一些学者发表了相关文章,证券市场上的实践人员也发现了更多的异象,通过无数个个体投资者的表现,我审视了自己的整个职业生涯,并且发现自己也存在着相关的偏差。

股票复仇指的是内幕交易者或者公司内部知情者操纵股票的走势(通常是你买入之后股价开始下跌);如果你不卖出股票,股价将会反弹回去。

投资者的厄运,指投资者处在一个进退两难的位置,极端的买入行为使得投资人受到损失。

乔治的启发式方法描述了一个阻止人们在股票市场上涨时获利的行为。就如同人们长期持有一只股票而遭受到的心理上的折磨一样。尽管我的好友乔治做了三十多年投资学方面的教授,但他仍然也有许多心理方面的问题,他自己知道,心理上却很难去改变它(乔治让我深信没有人能够改变自己心理方面的缺陷)。乔治喜欢寻找被市场低估了的股票。买入股票之后,他的启发式思维就起作用了。他设置了模糊的价格目标,但是很少去执行它们。当股票的价格上涨的时候,他会持有,常常会在股价持续上涨的时候买入更多。很少有股票能够一直地往上涨,当有重大调整的时候,乔治会有挣扎,但他会相信股价会继续上涨。他会一直持有直到损失的痛苦让他不得不卖出,但是他经常会在上升的途中卖出,而不是下降的时候。

由于对金钱的渴望,很多人包括金融学方面的专家,不得不长期忍受把钱放入到股市的痛苦中去。

害怕被抛弃是羊群效应的一个术语。这种现象是很常见的,尤其是看到旁边的人都在挣钱,而自己置身事外的时候。尤其是在股市中,人们会竞相买同一只股票，人们愿意以很高的价格买入一只股票，从而使市场产生泡沫。这与我们通常所听到的“赶上琼斯”现象是类似的。

串谋指的是投资机构、对冲基金、高净值以及富有的个体串通起来共同操纵市场从而谋利。另一种串谋理论认为美国财政支持一种特殊的机构，即暴跌救市小组(Plung Protection Team，PPT)。PPT 就像白马王子一样在市场低落的时候会主动救市。这个小组于 1987 年市场崩溃时产生，由 12631 号法令执行，这个组织包括了美联储、证券交易委员会主席和商品期货交易委员会主席。这个组织的任务是防止未来类似的事情发生。

结论

这一章对近 30 年来关于金融心理学、行为金融和其他的一些理论进行了综述。研究者们只是翻开了这个领域的面纱，在未来几年毫无疑问将产生很多这方面的研究。但是可以确定的一点是，我们做决策或者判断，做出投资决策的时候我们的行为与传统经济学上的理性人是不同的。但是，我们才刚刚开始知道这些效应，并懂得它们如何产生影响，我们并不知道这些特性是如何相互影响的，如何随着时间和环境的变化而发生改变，以及如何受到外界力量和事件的变化进而影响市场行为的。正因为如此，应用行为金融来进行投资的组织机构很少。现在只是作为传统方法的一个补充。

我是否应该建议为了克服人性的弱点，自己用电脑去投资而不是依赖基金经理去投资呢？我们是否应该根据纽约的天气预报来更正自己的投资策略呢？或者我们是否应该只是买入指数基金并长期持有呢？我对此全部给予否认。但是，随着人们越来越孤立地对待这些启发式的问题，应该有效地把这些信息利用到我们的投资策略中去。随着时间的推移，我们越来越了解到人的行为在金融市场中的复杂性。但是，如果根据历史来推断的话，这个领域在随后的 20、30 或者 50 年里，将会更快地发展起来。同时，我们不再坐井观天，未来影响将是非常大的。在本书的第三部分，我将会提出一种分析市场以及羊群行为的方法。

注释：

1. William F. Sharpe, Investors and Markets: Portfolio Choices, Asset Prices, and Investment Advice (Princeton, NJ: Princeton University Press, 2007), p.10.

2. Dan Ariely, Predictably Irrational (New York: HarperCollins, 2008), p. xx.

3. Andrei Shleifer, Inefficient Markets (New York: Oxford University Press, 2000), p.10.

4. Daniel Kahneman and Amos Tversky, Choices, Values, and Frames (New York: Cambridge University Press, 2000), p.17.

5. Richard L. Peterson, Inside the Investor's Brain (New York: John Wiley & Sons, 2007), p.38.

6. Paul Slovic, Melissa Finucane, Ellen Peters, and Donald G. MacGregor, "The Affect Heuristic" in Thomas Gilovich, Dale Griffin, and Daniel Kahneman (Eds., Heuristics and Biases New York: Cambridge University Press, 2009), p.419.

7. Ariely, Predictably Irrational, p. 239.

8. Jack L. Knetsch, "The Endowment Effect and Evidence of Nonreversible Indifference Curves," *American Economic Review*, 79(5) (December 1989): p.1277.

9. Kahneman and Tversky, Choices, Values, and Frames, p.220.

10. Ibid., p.210.

11. Nassim Nicholas Taleb, The Blck Swan (New York: Random House, 2007), p.150.

12. Terry Burnham, Mean Markets and Lizard Brains (New York: John

Wiley & Sons , 2005), p.30.

13. Hirsch Shefrin, Beyond Greed and Fear (New York: Oxford University Press, 2002), p.126.

14. Alex Edmans, Diego Garcia, and Oyvind norli, "Sports Sentiment and Stock Returns,"*Journal of Finance*, 61(4)(August 2007): p.1011.

15. David Hirshleifer and Tyler Shumway, "Good Day Sunshine: Stock Returns,"*Journal of Finance*,58(3)(June 2003): pp.1645—1680.

16. Malcolm Baker and Jeffrey Wurgler, "Investor Sentiment and Sentiment and the Cross-Section of Stock Returns, "*Journal of Finance*,61(4) pp.1645—1680.

17. David Hirshleifer, "Investor Psychology and Asset Pricing,"*Journal of Finance*,56(4) (August 2001): p.1540,1542.

18. Brad Barber and Terrance Odean, "The Common Stock Investment Performance of Individual Investors",*Journal of Finance*, Vol. LV, No. 2, April 2000, pp.773—806.

19. Robert J. Shiller, Irrational Exuberance (New York: Doubleday, 2005), p. 153.

20. Robert Shiller, "Human Behavior and the Effeciency of the Financial System," in John B. Taylor and Michael Woodford (Eds.)*Handbook of Macroeconomics* (*Amsterdam*: *Elsevier*),Vol.1, 1999, pp. 1305—1340.

21. Shefrin, Beyond Greed and Fear, p.16.

第八章　金融异象

随机漫步让人失去理性！

——耶尔·赫什(Yale Hirsch),《股票操盘手年鉴》(Stock Trader's Almanac)

异象:指脱离了基准或常理,一种不一致、不规则或自相矛盾的现象。

几年前,股票市场的异象并没有引起人们的兴趣。但是,随着证券市场上投资者的行为发挥着越来越大的作用,对于异象的研究就有了新的含义了。

如果运用上述对于异象的定义,首先必须要搞清楚什么是"正常的"或者说什么是"一般规则"。如果有人相信股票的走势是随机的,那么,人们可以将股市巨大的变化归功于市场正常的反弹。行为学专家丹尼尔·卡尼曼和阿莫斯·特维斯基如此描述市场异象:"经济学区别于其他社会学科的地方在于经济学假设大多数或所有的行为是稳定的和可以用偏好定义的,并且可以做出与偏好一致的理性选择……一项实证结果被称之为异象的标准在于很难用理性来衡量或者需要改变原有的范式中的假设来解释。"这种范式就是有效的市场。

不管语义上的东西,让我们从实际的情形中来分析。我们大多会把三条腿的青蛙当作奇怪的事情,但我们是否会为通用汽车过去10年股价在20～

75 美元波动，而现在却以 5 美元的价格交易而感到奇怪呢？答案是否定的，因为股价相对于历史交易的高或低可能是一个好机会，并不算是市场的异象。对于股票市场异象的解释通常聚集于股票增发，对于在系统性情况下的特定类型股票的定价问题，行业定价或者一组证券并不符合有效市场的行为。实际上，市场异象可能是来自于任何关于市场的错误定价，比如说兼并的对象即使在正常的折价之后也不能反映购买的价格，对于整个市场来说是这样的，又比如说圣诞反弹传奇(每年在圣诞节和新年前夜股市都会反弹)。

不管是关于行为的异象，还是由市场中其他因素引起的异象，都代表了随机漫步理论的失效。在接受人类的行为可以影响市场和市场异象存在的假设条件下，我们认为市场的变动是可以解释和预测的。

有效市场理论的支持者承认市场中确实存在着一定程度的非理性，但是，非理性引起的资产错误定价是暂时的并且很快能被套利者和知情交易者修复。马尔基尔认为，市场异象即使存在，长期来说也是不可靠的，由于附加的税收和交易成本的存在不可能是显著和长期存在的，一旦为公众所知，将会立即消失。然而，大量相反的实证确实是存在的。这些市场异象是长期存在的。

第七章解释了投资中人们的行为，并提出了两种方式来运用这些信息：(1)检验人们在投资和交易时，对个体的行为造成的影响；(2)检验大量投资者的群体性行为是如何形成证券市场的行为金融学现象的。这一章我们将从另一个角度来研究和鉴别可观察的市场异象，而不管其是由不同的因素引起的。市场异象在行为金融很早之前就有定义了。

套利

典型的股票市场异象是套利机会——短暂的和微小的错误定价都能被用来获利，并且毫无风险。从套利的角度来讲，错误定价的证券和证券的基本面与内在价值并无联系。套利者通常利用两种或更多种证券或者证券与衍生品之间的关系，来获得无风险的利润。买入或卖出证券仅是因为它被认为低估或者高估，这并不吸引专业的套利者，因为这必须承担风险。纯粹的套利行为，如果合理利用的话是不包含任何风险的。例如，反向操作，当套利者买入一只股票的时候，买入一份关于该股票的看跌期权，同时卖出一份看涨期权，当期权到期的时候执行锁定价得到无风险利润。

市场上也存在着一种风险套利策略，这种套利策略并不是一点也没有风险的，但是仍是一种高概率获胜的赌博。股息套利和兼并套利可以列入此类。通过股票兼并而不是现金并购，投资者通过卖空兼并公司的股票和买入目标公司的股票而获得无风险的利润（当交易有所改变的时候，风险就会产生）。关于流动性的红利套利，高红利的股票如 R. J. 雷诺兹（R.J. Reynolds）可以用很多股票和他们的看涨期权来进行交易。指数期货套利可能是资产配置中出现得较早的一种。当标准普尔期货指数和指数本身存在分歧的时候，套利者可以买入或者卖出它们。随后执行一个交易（同时买入或者卖出预先选择好的股票），根据价格的差异来进行资本化。如果短期的利率是每年 3％并且头寸的持有时间长达一个月直到期货到期为止，那么套利者只需要有 0.25％的利率变化就可以获得利润。在低利率和高波动的时期，这种类型的套利时有发生。

套利的一个共同主题是价格差异的变动和零风险。大的经纪商拥有全副武装的和复杂电脑技术的交易者，它们在日常交易中有许多套利交易的机会，执行这些复杂的交易只需要在电脑上按下键盘。因此，个人投资者很难与无风险套利者进行竞争。专业人士似乎很容易获得大量的无风险利润，这对于普通大众来说是很难做到的。这就是事实，也是正常有效市场运行的一部分。随机和有效市场的追逐者认为套利者的微小获利对整个市场来说是微不足道的。

我们这里要讨论的异象并不是套利，也就是说，持续存在的且不能被套利者所消除的异象。寻找异象者通常更关心引起这种现象的行为，而不是背后的原因，在一定程度上会认为通过寻找这些原因可以增加寻找这些异象的信心。一些异象来源于特定的行为现象。然而,另一些异象则比较复杂并且不易理解,它们是由多种原因引起的,并且不同行为互相影响。

由于很多市场的异象无法解释,因此,有效市场的支持者通常不相信这种理论。他们认为这些异象一旦被发现,众多的市场参与者将会加入进来从而有效地消除这些异象。然而,很多证据表明市场异象确实是长期存在的,《超越随机漫步》(*Beyond the Random Walk*)的作者维贾伊·辛格(Vijay Singal)认为:"如果市场是有效的,异象是不存在的,那么异象存在的主要原因在于它们并没有被完全理解,套利的成本是巨大的,获得的利润却并不可观,交易壁垒长期存在,这些因素造成了异象的产生。"异象实际上源于知情交易者。因此,异象寻找者要密切关注其随时间的变化。除此之外,正如异象就是代表着对完全有效市场的一种统计学意义的偏离,异象本身实际上源于对于众多数据的统计。因此,它们在不断变化之中,最终与所期待的有所不同。

辛格指出:"学者和实践人员花费了很长的时间来研究错误定价以及异象。然而,大多数材料仅限于学术期刊"。这些异象和非有效的例子都是不被随机漫步理论所认同的。当制定投资策略的时候这些因素都值得考虑进去,一些异象很容易地考虑到已经制定好的策略,但是另一些却不能,还有一些过于独立了,并不利于操作性。

固有的因素

在第八章中,我认为投资者的行为是同质的组合,并重点研究了人类的共同心理特性。从另外一个角度来看,我们在市场中的作用取决于我们所扮演的角色的不同:专业交易者、个人投资者、经纪商、投资组合经理、做市商、机构、套利者、基金经理、专家等。每一种角色都有其各自的行为特征,一方看是理性的行为,而对于另一方却是非理性的。每一种角色都有其独特的约束条件、参量、动机、风险承受能力,以及税务环境和竞争环境。不同的组织由于规则和角色的差异会影响整体市场的表现,我称之为固有因素(inherent factors)。如果你想更好地理解市场如何运作来寻找更有效的投资方式的话,那么理解前面章节中人们的行为因素是至关重要的。但是,这样不能对行为金融有全面的了解。市场的整体行为特征是非常复杂的,这与经济的基本面也是相互依赖的,参与者的行为特征和市场的固有组合也是非常重要的。

哈佛经济学教授安德列·施莱弗(Andrei Shleifer)就提到了关于机构的行为,他称之为"由于机构在市场中的角色而引起的市场扭曲。"施莱佛的观点是有据可依的:机构的交易量远高于个人投资者的交易量(只占市场大约20%)。机构交易的固有特点对于市场行为有很大的影响。例如,共同基金必须按照全额投资的规则进行投资(除了保持5%的流动性资金),同时,每天都有新进入的资金和赎回的资金。这就意味着当有投资者要求赎回时,即使将资金转到债券或者其他基金市场,也必须赎回以满足顾客的需要而不管这个时候是否适合卖出组合。当市场剧烈震动,尤其是投资者感觉到恐惧或者恐慌的时候,这就迫使基金经理屡次买入或卖出大量的股票,通常加剧了市场的波动性。如果市场中没有共同基金的话,个人投资者要在很长时间才能达到这样的交易量,并且不会造成市场这么大的波动性。

在过去的20年里面,由于公司养老计划(许多资产组成为一个资产池由雇主来管理)也称为401计划,可以通过网络账户来管理个人的资金。不管是401(k)、个人退休账户,还是变通的投资账户,个人都可以通过网络来评估自己的账户,从而引起共同基金必须买入或卖出股票资产。这在2008年10月中旬表现得尤为明显,当时市场竞相卖出,大量基金的流出导致最后一个小时道—琼斯工业平均指数几百点的跌幅,后面也跌了好几百点。

保证金卖出是另一种个人层面上的强制性清仓。当我们的组合失去价值时,保证金卖出会发生。在市场下跌的时候,保证金卖空会系统性地发生,这并不是随机也不是行为的异常。强制性的清仓同样也会发生在机构身上。由于对冲基金的高杠杆性,其在2008年时对市场的冲击发挥了重大的作用。

其他的许多固有的因素的存在同样也在影响着市场中人们的行为:

● 每年末或者季度末,机构的组合经理通常通过增加或减少特定的项目来粉饰报表,从而欺骗投资者。

● 对于投资组合经理来说,基准指数的研究对于它们是经常要做的事情。因此,他们通常根据基准指数来做出投资组合决策。他们也会在同行之间进行比较。这就产生了与随机市场不同的价格变动。

● 指数的变化同样会引起结果的偏离,买入的原因并不在于基本面的改变,而是由于指数的原因卖出,然后用另一种指数来替换原来的。

● 我们在第七章中介绍过羊群效应,经纪商的销售活动也可以作为固有的因素,他们不停地推荐人们买股票,而不管市场的估值、经济周期,即使在当前的经济周期下保留现金会有更好的收益。只要经纪人存在,这种营销活动就会继续,因为为了生活他们必须这样做。

本书的目的并不在于探讨这些因素的具体细节。即使有人可以把所有的主要原因都找出来,也不能将它们量化,更不可能分立开来。关键在于由市场参与者的共同行为所表现出的现象与有效的市场现象并不一致,在已存策略的背景下会产生更多的机会。我用它们来支持我的论点,这些因素有许多并且非常重要。

耶尔的智慧

很多异象是与日历相关的,耶尔·赫什(Yale Hirsch)于1966年开始出版他的经典著作《股票操盘手年鉴》,他系统地记录了该方面的内容。每年赫什家族都很详细地记录该方面的统计数据。但是耶尔并不是教授,也并没有在学术刊物上发表过他的原创。然而,耶尔·赫什对于行为金融有一项非常重要的贡献,他在关于行为的研究出版之前已经做了许多这方面的研究。

不像在学术杂志上发表的论文那样,耶尔的出版物并没有很复杂的理论知识,也没有参考许多其他相关的论文,更没有复杂的数学理论——仅是一些很直接的、经验的数据。然而,耶尔为我们揭开了一些很重要的作为股票市场非随机漫步的证据。人们对于这些发现的一些细节很感兴趣,比如,重大节日或是在选举时的市场表现，也包括一些极端的重要的市场异象，比如，“1 月效应”和“最好的 6 个月效应”的发现。

1 月效应

一种广为人知的市场异象是所谓的 1 月效应，通常被误解为股市在 1 月份的时候会上涨。从 1950 年以来的历史表明，有 2/3 的股市在 1 月份有良好表现，统计上标准普尔 500 指数期望收益率平均每个月是 0.85%。更进一步，每年的股价变动(1960 年低至－7.1%，1987 年高达 13.2%)并不会引起让人更多的注意。1 月效应里小市值的股票要优于高市值的股票，效应的时间通常开始于 12 月。耶尔有注意到在 1953～1955 年，标准普尔低价格的股票比其他股票表现得要好，这通常也发生在 1 月。概率有 40/43，平均有 4 倍之多。这种效应引起了相当的关注，人们也越来越对其有了解，但是，这种现象仍然存在。耶尔后来通过转向分析罗素 1000 和罗素 2000 指数来对其进行修正，以此进行对照。数据显示，小市值的股票表现得特别好。尤其是在 12 月份的最后两个星期尤其明显，直到 2 月份。最可能的解释在于这和税收是相关的，在 12 月买入然后在 1 月份和 2 月份卖出。然而这并不能解释全部，因为也有类似的劳动节提前效应，这和税收是不相关的。

维贾伊·辛格(Vijay Singal)对 1 月效应进行了更深入的研究，他通过市场资本大小和股价上升或下降把股票分成好几组。辛格这样做主要是关注小公司和股价下跌厉害的公司同那些大的上升的公司之间的区别。他得出的结论是 1 月效应在“小的输者”与“大的赢者”上表现得尤其突出。他发现，小的输者，在 12 月的时候通常低估了价值，而在 1 月份时温和上涨，然而，大的赢者在 11 月份和 12 月份上涨，但很少在 1 月份上涨。这在 12 月的最后 5 天来看尤其明显，再加上 1 月份的最后 5 天也是如此。因此，辛格的数据导出的许多结论显示了“小的输者”在 1988～2000 年的 10 天收益率达到 2.8%～29%，且没有下降趋势(1986 年的税收法案改革把时间从 11 月移到了 10

月份,这可能会对其产生影响)。另一方面,“大的赢者”在 11 个月里面获得了负的收益,范围是在 0.34%～10%变动。很明显,卖空大的赢者买入小的输者可以在这期间获得额外的收益率,并对整个市场产生免疫力。只要核税抛售对于个人投资者来说是可行的,或者只要异象是被误解的,那么它仍可以奏效。

最好的 6 个月效应

最好的 6 个月现象更加直截了当。它指的是 20 世纪的后 50 年(1950～2000),从 11 月 1 日至 4 月 30 日的 6 个月市场的表现高于 5 月 1 日至 10 月 31 日的 6 个月。11 月的收益占总收益达 99.6%,然而,5 月期间只占 0.4%。换句话说,我们在最好的 6 个月(11 月至次年 4 月)投资10 000美元,你将会获得363 367美元的收益,但是,如果你在另外 6 个月投入相同的钱,收益仅是11 582美元。

最好 6 个月现象印证了华乐街的古老信条:“在 5 月份卖出,然后离开这个市场。”该异象的起因并不像 1 月效应那样明显,由于它包含了许多复杂的与众多因素相关的基本原理。有人可能把这一异象归因于人们在节日期间获得额外的钱或在年底得到奖金和退税,然后在夏天和秋天要把钱用来度假和支付学费。20 世纪早期,这种思考逻辑被普遍认同,农业人口占去了美国人口的 1/3,每年 8 月的时候(丰收的季节)是股票市场表现得最好的一个月。20 世纪中期,由于农业占比的减少,8 月份成为股市表现得最差的一个月。

在直接反对有效市场假说的时候,我们很容易看到像最好的 6 个月这样的异象持续存在并很容易进行操作。现在买入并持有股票成为很流行的操作方式。散户经常看见和听见很多关于在圣诞节和夏天的时候,股价上涨,但是我们却很不以为然。尽管有上述证据,如果投资者的理念是长期持有的话,那么远离股市 6 个月的做法是很荒谬的。当然,里面也有税收和交易费用的原因。另外,经纪商和组合投资经理极力反对这种做法,因为这会埋没了他们作为金融专家的天赋。没有组合投资经理会愿意其顾客远离市场 6

个月而得不到交易费用,也没有人从统计学上去检验上述结论的正确性。组合经理很少考虑这些真实存在的经济原理或者经济周期的数据,更少有人考虑这种日历效应。没有投资经理希望看见他们的顾客错过了上涨的 9 月份行情。由于旧的投资观念在这个国家已深入人心,所以这种情况将会持续一段时间。

季节效应

约瑟夫·兰考尼肖科(Josef Lakonishok,来自伊利诺伊大学)和西摩·斯米特(Seymour Smidt,来自康奈尔大学)运用 90 年的数据检验了季节性的异象,总结如下:

道—琼斯工业平均指数在过去 90 年中的周转折点、月转折点,年初或假期异象尤其明显。特别地,周一的回报率为负数(—0.14%),月初或月末时股价上涨得很快,涨幅超过了整个月的价格变动,在圣诞节前的最后一个交易日至年末价格上涨超过 1.5%,并且假日期间的回报率高于普通回报率 20 几倍。这些异象都是不能忽略的。

其他的一些异象

尽管在市场的运行之中,有许多相关的模式和事件的影响,但这些异象都与日历相关。在许多场合之下,它们也会出现在其他的一些不同寻常的场景之中。下面的一些是比较常见的异象。

短期价格漂移

有效市场假说认为股价能够快速和全面地反映公开的信息,与之相反,研究显示,在公告之后的很多天存在着很明显的价格漂移现象,不管是朝着正面还是负面方向漂移。数据显示,价格漂移并不是在所有的场景下都能够被识别,但是当有公司公告和交易量上升时尤其明显。根据研究显示,“实际上，如果价格的很大变化伴随着成交量的明显放大，再加上管理层和分析师的公告，价格的持续运动会造成一个月的异常收益率，如果是好消息的话，有3.5％的异常收益；如果是负面消息的话，会造成－2.25％的异常收益。”“异常收益”指的是超过标准普尔500指数的那部分收益，即使考虑交易成本，这种异象也会每年偏离基点15％～36％。

报道的内幕交易

如果把报道的关于内幕交易的数据当作股价上升或下降的指示器，就会分析出许多异象。根据《华尔街日报》在2002年12月报道的关于内幕交易的文章来作为买入或卖出股票的信号。结果见表8.1。

表8.1　根据报道的内幕交易活动

	头寸的数量	收益率(％)	标准普尔500收益率	增加或损失的收益(％)	年收益或损失(％)
卖出数量	15	－28.6	－13.8	14.8％	29.6
买入数量	26	＋15	－13.8	28.8％	56.7

资料来源：Vijay Signal：*Beyond the Random Walk*。

然而，这些数据可能低估内幕交易者买卖的效果了。在这些测试完成之后，报道的规则由1个月10天(可能会对公告在交易后延期40天)变为2天。更短的时间间隔对于揭露内幕交易会起到很大的作用，从而加强了这种市场的异象。

把内部人士的活动作为公司实力强弱的有效预测的根据在于公司的管理者和董事会对于公司的业务发展和前景有着相当的了解。这种异象却不是那么明显。虽然内部人士的活动为人知晓，但是这也可能会误导投资者，除非能够确切地知道内部人士卖出了多少股票。期权的执行导致销售量的提升但是市场没有买入股票作为补偿，这通常是作为利润的实现而不是对于公司前景做出的预测。进一步讲，不能用期权到期执行所导致股市的下跌来推测其作用到底有多大。

IPO 异象

很多因素,尤其是首次公开发行(IPO)可以帮助我们理解这个市场并不是有效市场所呈现的那样。投资银行为了能确保把股票卖出和后面的股价有所增长,通常会压缩价格。这不仅能够降低它们不能把所有股票卖出去的风险,而且也能够保证投资者买入更多的股票。在一项戏剧性的申明中,罗切斯特大学的 G. 威廉·施沃特(G. William Schwert)指出,如果你在 1960 年将1 000美元投入到一个 IPO 组合中(买入 IPO,然后在 1 个月之后再卖出,再买入 1 个新的 IPO),到 2001 年你将会得到 533×10^{33} 美元。似乎是投资银行确实有自己的一套。

总统异象

耶尔和杰弗里·赫什(Jeffrey Hirsch)的另一项让人印象深刻的发现是过去两年中(选举前一年和选举年),总统任期的最后两年,股市的表现要好于最开始的两年,比率是3∶1(745.9%∶227.6%),从 1833～2004 年。总统任期的最后一年表现明显优于选举年。选举后的几年和其他时间的收益比率是 2∶1,3∶1 和 7∶1。赫什如是解释,"为了得到下一任的任期,总统不得不表现得很好,特别是在下半个任期。"

其他的显著异象

还有一些异象如下:

● 在 1981 年,班茨(Banz)和莱因甘姆(Reinganum)发现 NYSE 中的小市值股票表现得比其他股票好。这与夏普(Sharpe)和林特纳(Lintner)的著名的 CAPM 理论相悖。

● 在 1980 年,肯·弗伦奇(Ken French)发现,在 1953～1977 年,股票在假日期间的表现优于其他时间。卡姆期特拉(Kamstra)、克莱默(Krammer)和利瓦伊(Levi,2000)进一步发现,夏令时节股市的表现更差,这与人们的睡觉有关(施沃特发现这些异象在最近几年有所减少)。

● 据统计显示,开放式基金中存在着一种"手冷效应",指的是表现得不好的基金经理在未来几年会持续得表现差劲,而不是表现得好。

结论

关于市场异象,现在已经有许多这方面的书籍和论文了。事实上,许多学者对其进行了深入研究,并企图对其进行精准定义。然而,一些关于该方面的研究只是对于已知的一些原理进行总结,从而我们知道异象确实是存在的。它们的存在,让我们知道了市场的非随机性。对这些异象的识别,证明了不仅可以了解在一年中特定的时间会有超额的收益,也让我们懂得了市场中人们的一些行为。

异象有可能成为独立的一门学科。对异象的检验需要很长的时间,比如过去的 20 年或者 50 年,只有从较长的时间跨度得出的结论,在统计学上才有意义。但是,由于一些固有因素的存在和时间的变迁,以及其他一些因素的改变,最终的结果可能会是有误导性的。另外,异象随时间变化,其性质和范围也会发生相应的变化,同时一种异象也受其他一些异象的影响。这让学术研究变得很困难,同时使得实践者很难去实施。正因为此,我并没有在本章中推荐投资者根据异象来操作。如果你对此感兴趣的话,我建议你仔细阅读相关的参考文献。

从总体来讲,我对市场异象感兴趣的地方在于它们是如何成为市场的一部分的并且如何对人们的行为产生影响的。如果能从某种方式上对整体市场进行理解或阐述的话,即使从很小的一方面,我们也能够从市场的运行中获益,而不是长期的持有股票。在第五章中,我们知道市场运行得益于长期的增长。在 2008 年秋天,市场经常在一天中就有 5%~10%的波动,但是,许多的投资者仅是坐着、看着却并没有实际行动,他们在一年中本来至少可以获得 10%的收益。了解可以预测的市场异象是理解整个市场的第一步。

注解：

1. Yale Hirsch and Jeffrey A. Hirsch, Stock Traders Almanac 2002 (Nyack, NY: Hirsch Organization, 2001), p. 52.

2. Daniel Kahneman and Amos Tversky(Eds.), Choices, Values, and Frames(Cambridge, UK: Cambridge University Press, 2008), p. 159—170.

3. Vijay Singal, Beyond the Random Walk(New York: Oxford University Press, 2004), p.20.

4. Ibid., p. xi.

5. Andrei Shleifer, Inefficient Markets (New York: Oxford University Press, 2000).

6. Hirsch and Hirsch, Stock Traders Almanac 2002, p.106.

7. Singal, Beyond, p.26.

8. "Stock & Commodities" V 18:12, Interview: Yale Hirsh: Market Historian, by John Sweeney, December, 2000, pp. 68—80.

9. Josef Lakonishok and Seymour Smidt, "Are Seasonal Anomalies Real: A Ninety Year Perspective," *Review of Financial Studies*, 1(4) (Winter 1988): pp. 403—425.

10. Singal, Beyond, p. 57.

11. Jeffrey A. Hirsch and J. Taylor Brown, The Almanac Investor (New York: Wiley, 2006), p.98.

12. Mark J. Kamstra, Lisa A. Kramer, and Maurice D. Levi, "Losing Sleep at the Market: The Daylight Saving Anomaly," *American Economic Review*, 90(4) (Sept. 2000): p. 1005.

13. G. William Schwert, "Anomalies and Market Efficiency," National Bureau of Economic Research Working Paper No. W9277, October, 2002.

第三部分
绘制一条最好的路径

第九章　一种新的市场模式

我们已经知道了许多直截了当对股价走势进行预测的尝试。实际的结果却和我们预测的不同，甚至恰恰相反。我们有两种选择。我们可以提出一种全新的理论来帮助理解所看到的数据。或者，我们完全否认所看到的事实，通过计量的方法，将这些数字进行计算，直到符合我们的意识。

——罗伯特·A. 胡根 (Robert A. Haugen)

加利福尼亚金融学教授，《新金融》(*The New Finance*)的作者

新的经济和社会制度需要几年或几十年来实现，这种实现甚至来自于特殊的事件——战争、重大的发现或是经济危机。史无前例的 2008～2009 年的金融危机就是一例。许多华尔街的精英领袖也轰然倒塌。我们的家庭、退休计划和其他的一些重大资产不复存在，我们对金融机构、政府、监管机构、评级机构、坚持原模式的领袖的信心熄灭了。我们对股票市场的看法也与以前不同了。对于即将通过的救市计划我们寄予厚望——30 万亿～40 万亿美元或可能更多救市计划已经通过。我相信下一代对金钱和投资将有一种全新的看法。

华尔街传奇的覆灭，比如，美林证券公司、贝尔斯登和雷曼兄弟(更不用提房利美、房地美和其他的很多银行)，提示了 2008 年金融危机的影响。我们以前依赖这些公司进行资产管理，对有需要的投资者提供金融产品、公司

和财务的交易以及提供的专业指导,如果没有这些公司,投资者将无所适从。我们依赖政府进行监管,依赖媒体提供金融信息,因为它们提供给我们的是海量的信息。简而言之,我们失望,投资过剩,相信事情并不是我们想的那么坏,偏离了真实的投资意图。事实上,我想说的是一种新的投资模式正在产生。

毫无疑问,这种新的模式将会引发我们的投资方式产生质的改变,起码会弥补现有模式的缺点,正如 20 世纪 30 年代发生的那样,这些模式可能影响市场上所有的参与者:投资顾问、经纪人、共同基金、对冲基金、评级机构、监管机构、金融机构和养老基金。其中一些改变是立法的原因,另一些是自发产生的。这将成为今后若干年人们写书和文章的重点,同样也会产生许多相关的立法、法庭讨论、研究、辩论。同这些结构性改变相对应的是我们对于投资方式看法的改变,包括以下一些方面:

● 在二级市场买入股票并不是真正的投资。

● 股价由两部分构成——基础价值和主观价值,其中主观价值将占很大一部分。

● 主观价值由参与者的行为和心理所主导。

● 每只股票中的主观价值都内在地包含了对于整个市场的价值,并以溢价的方式体现在每一只股票中。而在传统金融分析中并没有包括这些溢价。

● 公司的基本面改变得很慢。因此,我们每天看到的股价的变动几乎大部分都来自于行为的因素。

● 行为因素对于股票市场的影响使其有非随机性的特征,也使其很难被解释和预测。

● 技术分析提供了一种最好的方式来解释市场对股价的影响。

● 趋势通道分析,提供了许多解释股价变动的新视角。

● 对于传统金融理论的过度依赖,对于风险的固有看法对于我们的财富来说是有害的。

● 作为投资者,我们有责任去知道股票是否有长期的投资价值,如果没有,那么经纪商和金融管理产业也是不能依赖的。

两种价值的解说

股票投资的关键在于其他人是否会购买这种股票,而不是你认为它实际价值多少。那就是投资的一切吗——或者更确切地说那是一个跳蚤市场吗?我们所认为的"投资"并不是我们单纯所想象的那样。我更乐于把它称之为"伪投资"(pseudo-investing)。我们在二级市场得到的是实物的利息,而不是真实的实物资产。我们拥有股票,但不拥有实物,甚至不拥有流动性。我们名义上拥有资产和净利润的所有权,但是,实际并非如此,它只是以分红的形式支付,我们是最后一个被支付的。除非我们是大股东,否则,我们没有对公司运营的话语权,谁来运营公司,或者他们用我们的钱来做什么投资。我们实际上是"被清除了的投资者"。

事实上,股票本身就是衍生品。它们的基础价值来自于公司的财务状况。我们只是拥有股票的账面价值,或者是股权,股价与价值的关系并没有那么密切。也就是说,股价只是反映了公司很小一部分的价值。剩下的是我们对于公司未来成长和利润的预期的溢价,其中也包含了许多风险在里面。这种溢价占了我们股价中的很大一部分,而且是主观的。

如果要问股票的真实价值的话,考虑到其基础价值,我们可以将股价的上涨和下降归因于基础价值的变动。但是,根据本书的整体观念,并没有单纯的考察范围,这种方法论既不是通用的也不是持续的,也就是真实的价值在变动之中——不是微小的变动,而是很大的变动。进一步说,基础价值是一个标的,测量也是很主观的。当人们甚至是专家在做出买入或卖出一只股票的决策时,我们很少考虑其基础价值。结果是,价格可能在很长时间随基础价值的变动而变化,但是也可能会偏离基础价值。

传统的金融理论认为,这些偏离是暂时的,不久会消除。我相信,这只是传统理念不能解释这种现象的一个借口而已。如果有一种新的范式,那么它应该符合现实。股价和基本面的偏离并不会消除,理解它可以让我们更好地进行投资。它们并不是异常现象。它们只是不符合传统的理论对股价估值的解释,因此,需要一种新的理论。这并不意味着对于传统理论的抛弃;只是表示传统的理论需要和其他理论结合在一起。金融理论并不是一无是处,而只是不够充分而已。

第三章中介绍了主观价值的概念,我们认为新的模式应该包括股价的估值模型,其建立在两种价值之上:基础价值和主观价值。基础价值是可以直接进行计量的,并且可以用通用的方式,这并不是说主观的分析师直接可以将其运用到市场价格的计算中去。保守的估值是3～4倍的现金流动,这是更有效的。小公司并没有规模经济效应,但是它们也是一些精简的实体,应该更关注于实体的运营。大的上市公司的研发机构更关注于长期的增长前景,但同时也关注自己的运营。一个公司的基本面或真实价值在于核心资本的运营。其他的,根据定义是主观价值。图9.1对该概念进行了阐述。

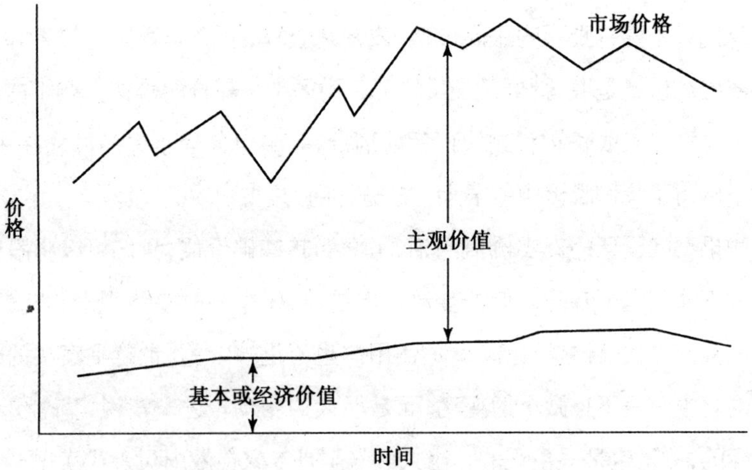

图 9.1

主观价值包括了影响参与者所有的行为特征。这包括了投资者的对于公司和管理的印象，他们对公司未来收益的预测和对公司面临的不确定性和风险的评估。另外，任何股票的主观价值必须包含个体对于整体市场的看法，代表了主观价值的总和。主观价值也应该和基础价值相独立。

你可能会考虑如何对主观价值进行量化分析。答案是，市场会为我们计算，我们仅需简单地衡量一下。这种类型的评估模型早就已经存在了。

期权与基础价值等价。简而言之，任何期权的基础价值都可以称为理论基础价值，并且可以在任何时间进行直接计算。理论价值由内在价值和时间价值组成。内在价值指的是当期权执行时实现的价值（也就是说，实物期权的数量），时间价值是指由于股票波动而产生的额外价值。一份期权的理论价值或基础价值是由费雪·布莱克（Fisher Black）和迈伦·斯科尔斯（Myron Scholes）提出的公式来计算的。也有其他的一些计算期权的公式，但是大多数金融团体都接受费雪·布莱克（Fisher Black）和迈伦·斯科尔斯（Myron Scholes）的关于期权的估值公式。

尽管布莱克—斯科尔斯（Black-Scholes）理论提供了关于期权价值的定价公式，但期权市场的价格也会变化很大。不同之处只是在于期权价值高估或低估的程度不同，但我们也可以称之为期权的主观价值。（一份期权由于波动性在多大程度上被高估和低估，这可以与历史的估值相比较。这也使我们从另一个角度来看待事物。）期权价值是否低估由市场说了算。由于有对期权定价的标准公式，我们只要将其与实际市场价格相比较就能看出其中的差异，不管是正的还是负的，这是对期权的主观估值。如果你的经纪人提供在线的期权"数据图表"，你可以看到波动，布莱克—斯科尔斯理论价格或者二者都可以看见。很多免费的网站比如雅虎金融和芝加哥期权交易中心网站 CBOE.com 也可以提供这方面的信息。

如果我们有能力去计算一只股票的基础价值，那么，我们应该也有能力计算出道—琼斯指数或是标准普尔 500 指数这类指数的基础价值。在二级市场上，指数的主观价值也可以被认为是其中所有个股主观价值的加总。当然，市场上有一些影响因素并不是由个股引起的，还有一些因素对所有股票都会造成影响，我们最终也应该有能力把这些因素计算出来。

正如我们所了解的那样，计算股票的基础价值是很有挑战性的，并且比期权定价有更多的问题需要去解决，没有像布莱克—斯科尔斯这样的方法可以应用。但是，如果我们主动计算其基础价值的话，最起码是为了这个目标去做。

伪随机

如果考虑人们的行为对股价的影响，那么，新的模型就应该考虑到非理性和半预测性。而不是非黑即白地把市场看作随机或非随机的，我们需要接受这些极端中的调和。这与我们现在的观点不同，这种妥协可能是在承认股价很大程度上是随机的，如果我要为自己捏造出来的理由道歉的话，我会描述其为"决定性的随机"，市场中既表现出随机的一面，也表现出非随机的一面。我所说的"决定性的随机"指的是在某一种程度上是随机的，就像次原子微粒一样随机变动，也就是在三维的空间中做出各种物理的变动。

随机与非随机的变动在自然界是很普遍的，有很多这方面的例子存在。树枝会朝任何一个方向生长，当树木完全成长起来后，它们的形态也就固定下来了。当观察动物时，鸟和鱼的行动似乎也是随机的，但它们群体活动的时候，它们的行动又是有秩序的。股市也是类似的：短时间的股价变动是随机的，但是如果以小时、天、月份来看的话，其变化又是可以预测的。

有一些人可能会用前沿的数学理论来证实或者否定这种理论，但是，我会把背后的逻辑为大家阐明。有理由相信股价即时的变动是随机的。供需代表了自变量，即时的价格变化反映了供需在不同时间的变化。专家或者做市商提供了买卖的平台，这种差价也代表了中介获得利润的一种方式。因此，当进行交易时，大多数的交易会在买入价或卖出价成交，这取决于其买卖的方向。正如我们前面所说的那样，大多数的交易者，包括机构，需要直接执行交易。因此，股价在申购和卖出时是随机的（或者说包含了大多数交易）。

申购的数量在开始交易时可能是很大的，但是，中间几个小时的指令由人们的行为不同所决定。总之，即时的价格变动是由更多偶然性的订单而不是长期策略或价值决定的，所以，是随机的。

然而，从大的方向来说，股价是动态变化的。在几个小时的交易中，新的投资者的到来会影响公司，他们的竞争者、经济环境和其他所有的因素都可以影响买卖。参与者评估新的可能性对股价的影响，据此做出决策。从这个层面上来讲，价格的变化同时也会影响买卖的决策。有人看到股价上涨时会想参与进来，其他一些人可能趁机卖出股票。也就是说，股价的变动不仅仅是供需的变动所引起的，同时也对它们产生影响。这与传统的经济学理论是不同的，它们仅认为供需是自变量。在传统的供给需求理论中，供给的减少会促使买者付出更高的价格买入。随着价格的上升，对于买方来说，付出的会更多。但是在股市中，原理是不一样的。许多买方看见别人在买入的时候会跟着买入（见第七章中的羊群效应）。这违反了供需原理。

在《可预测的非理性》(*Predictably Irrational*)中，阿雷利(Ariely)写道：

“正如我们的试验指出的，消费者的行为容易被控制，这意味着消费者对于他们的偏好和愿意支付的东西不容易掌控。其次，在标准经济框架中，假设供需是独立的……事实上他们是互相联系的。与其说，消费者的买入意愿影响了市场的价格，不如说是消费者市场的价格同样在影响人们的买卖行为。”

更进一步地说，在股市中，这种因果关系可以使需求朝相反的方向运动，传统的经济理论可能期待买入引起购买的行为，价格的上升会创造新的需求。这也适合卖方的行为，他们为限制损失了锁定收益时在价格上升时买入。卖空和补仓的概念是股市的专业术语，在传统观念的经济理论框架下是不存在的。

市场开始显现出其趋势了，随着时间的推移更加明显起来，但对于个别股票来说并不那么明显，通常在行业和市场层面来说是这样的。大多数股价的变动来自市场方面，但是个别股票也适用于行业层面。苹果股价因为史蒂夫·乔布斯生病而下跌，但是又随着经济面的向好而上升，整体市场也随之上升。这是与众不同的。更多的主观的事情需要把钱投入进去才能驱动(比如对经济的理解，一项新的监管措施，或者世界政治形式的变迁)，市场更多地被人们的行为所控制，所以更显现出可预测性。另外，由于市场的参与者众多不能完全地统计，所以市场的变动反映了群体的行为特征。

把行为因素考虑进去

将人们的行为考虑到二级市场中去是新模式的一项很重要的举措。我们应该丢弃那种认为行为因素是不值一提的和噪音的想法或者认为非理性的异象只有专家会去关注。相反，我们必须接受它们是系统性的，重点是，对于价格的运动起到作用。然而，接受并不意味着什么，我们必须把他们运用到我们的投资策略的实施中去。

所以我们如何将行为加入到组合中去呢?

即使对一家公司的基本面极其熟悉，我们也知道计算股价(或者是其内在价值)没有特定的公式。类似的，行为的因素也是变化的、非常复杂并且是动态变化的，所以不能对每一个投资者的行为进行量化。即使是可能的，我们也必须对市场的情绪进行评价，以得到这类模型的数据。很显然，从投资者的视角来看，运用这些信息来预测股票市场价格的变动是不符合实际的。我们别无选择，只能从另一个角度来看，检验市场的行为对于参与者意味着什么。我们通过价格图表和其他形式的技术分析来检验市场的行为。如果市场确实是随机的，那么，我们找不到任何有价值的信息。但是，如果市场行为对股价的影响确实是存在的，那么，我们可以找到有用的线索。那些应用技术分析的人们在我们意识到自己在寻找什么之前就已经找到了行为方面的线索。

金融市场的参与者都是些正常的人，也就是说市场的行为也是很自然的现象。就像其他自然现象一样，市场的变动受若干变量的控制，以很复杂的方式进行交流得到一系列不同的结果。这些变量通常都有正常的值，它们不仅展示了大多数的范围，也可能在一些少有的情况下达到一个极端的值。我发现天气代表一种好的异象。天气的主要变量——温度、湿度、风向、冰雹、气压——是时刻变化的，任何给定一天的天气是由相对的价值和一些互动的因素所决定的。在没有出现单个因素的情况下，天气在一个正常的范围内变动，主要是由地点和季节所决定的。但是当有任何一个因素超出了正常的范围时，就会导致天气远离正常的变动范围，从而引发极端天气（比如风暴、干旱、洪涝和龙卷风）。

类似的，投资者行为对在正常情况下股市的影响也是相对的，尤其是在极端的情况下表现得尤为突出。由于参与股票市场的人数众多，人们各自的行为因素也是不相同的，我们已经知道影响股市变动的一些因素，人们行为因素对于股票市场的影响是很复杂的，可能会对量化分析进行挑战。即使我们能对过去的一些行为因素进行量化，我们也不能在新的因素出现之前起作用。例如，没有模型能够精准地预测“9·11”事件的发生，因为以前从没有发生过类似的事情。因此，即使有一些模型也不能衡量个体投资者行为的复杂性。我们的挑战是指出如何去解读和阐述这些在市场中发生的行为，很多技术分析专家已经在这样做了。

人们的行为在很久之前就开始以群体的方式在被解读、测量和阐述。我们买入的任何东西都受我们行为的影响，比我们考虑购买化妆品、电器、汽车、房屋、保险、艺术品和股票等物品的时候，还有当苹果手机发布之后激动地买入的时候，或者在谷歌股票发行的时候冲动地买入。我们的行为受新闻和公共关系的影响，这与我们的行为受广告影响的方式是相同的。事实上，广告影响了我们对许多方面的观念，没有理由这对股市不产生影响。

获取技术

投资者行为作为股票市场定价的一个关键因素，如果采用一种新的视角来观察的话，必须把技术分析作为当前理解投资者行为如何显现于股票定价的最现实的方法。技术分析并不是一门精确的科学，因此，最可能的是使用多种技术分析方法（就像有多种基本面分析类型一样），但总体来说，它是一种必不可少的工具。

在这个新理论中，许多人会体会到技术分析者和其追随者早已知道的事情——指标会告诉我们在广泛的市场参与者当中正发生着什么样的故事。对指标的解释通常是最关键的，因为这个工具通常不能够给我们精准或者明确的信息。通过了解市场参与者的行为和心理，我们就能够更好地把技术信号与其内在的行为联系起来。没有分析师仅仅把趋势分析视作一种了解现时正在发生什么事情的方法，而在预测未来时却毫无用处。技术分析师早就知道数字和图表代表了对市场参与者内在行为的重要见解，并能告诉我们其行为的趋势和变化。

就拿芝加哥期权交易所（CBOE）的波动率指数（VIX）来说，它是一种测量标准普尔 500 指数期权费用的指标，正如通常的供需原理一样，期权费会对供需状况做出反应。当市场下跌时，机构和专业的资金管理者会通过购买标准普尔 500 指数的看跌期权，来保护他们的投资组合免受损失。同时一些机构和专业的资金管理者，可能会减少他们在股市的仓位，无论市场何时下跌，比起买卖可能 50～100 只不同股票中的一小部分来说，买进看跌期权是一种保护投资组合更简单快捷的方法。此外，管理者肯定会留意税收和转换成本的问题，更不用说他们自身的卖出行为更会加剧已经存在的价格下跌趋势。因此，他们会转向于标准普尔 500 指数的看跌期权来保护资产不受损失。看跌期权需求的增加会提高期权费用，VIX 的上升就反映了这种情况。这样，这个指标就直接关联于一种特别的行为因素：害怕市场的下跌。看跌期权需求的增加会导致看跌期权的期权费用扩张，并且套利行为会促使看涨期权的期权费用也相应提高。当市场上涨时，VIX 就会回落，因为对保护性下跌的需求就会减弱。顺便说一下，对看涨指数期权的需求，不会以同样的方式发生，当预期市场要上涨时，因为投资组合管理者已经买入股权了，就不会再买入看涨期权以增加杠杆率。因此 VIX 在媒体上很贴切地赢得了“恐慌指标”的称号。

VIX在市场下跌时趋于上升，并市场上涨时回落，这使它成为一种一致性指标，而非特别的领先或预测指标。但是，它在确定诸如长期下跌趋势中某天的大涨会不会是一个转折点（VIX大跌）或者只是持续下跌趋势（也可能是非常小的跌幅）中的反弹时非常有用。此外，VIX也有期货交易，当它以目前VIX价格显著折价或溢价交易时，可以被用作一种领先指标。

其他一些技术指标也能提供关于内在行为或者看法的重要线索。小理查德·W. 阿姆斯（Richard W. Arms Jr.）开发的短线交易指数（TRIN），有时也称作阿姆斯指数（Arms Index），测量上升股票数量与下跌股票数量之比除以上升股票交易量与下跌股票交易量之比的值。TRIN指标的数值变得非常高时（1.3或者更高），用以确认市场的底部很有用，因为这种水平预示着伴随市场底部投资者纷纷卖出的情形。移动平均线会使短线波动变得平滑，并揭示出内在的趋势。技术分析先驱杰拉德·阿佩尔（Gerald Appel）利用平滑异同移动平均线（MACD）来确定何时短期移动平均线与长期移动平均线相交，这表明趋势正在发生改变。

对趋势分析流行的看法是，它只属于交易者的领地，但并不适合“投资者”的长线视野，对此我非常赞同。然而，既然它对短线交易者来说非常必要，那么，它对任何时间范围的投资者而言也是有同等价值的。在数年的投资中，即使出现一个预示着市场重大转折的技术信号，也可以证明趋势分析的用处。若没有技术分析帮你做决策，那么，一个人注定要成为买入并持有的长期投资者，直到你不能够再忍受亏损的痛楚而惨淡离场。

摇摆狗（Wagging the dog）

在这个新理论中，我们把注意力从股票转向行业或市场指标。如果像本章早期或者第三章假设的那样，个股投资组合中大多数波动性是整个市场波动性的精确函数，并且我们能把市场的行为而非不稳定的个股行为更精确地解读出来，那么买入个股毫无疑问就是纯粹的投机。从这个层面来看，经典的投资组合理论关于分散个股投资风险的资金运用原则就非常正确。个股充满了很多问题——糟糕的管理、内幕交易、职工股票期权，以及大量自身存在却不为公众所知的问题。投资组合理论指出，从统计上来看一只股票的好消息和坏消息其概率是相等的，因此这些事件的发生在本质上会相互抵消。然而这种理论是由严密的数学推导，而非实际投资组合中的观察而得来的，因此这两者的动态是不同的。如果你拥有一个投资组合，并且在任何情况下都持有它，那么数字会证明一切。但是如果你在个股上持有头寸，你可能得不到相同的结果，当股市走势难以预料时，你可能会受影响而过早地卖出。因为放出好消息而压制坏消息符合公司的最佳利益，这些信息的披露可能就不会像投资者所期待的那样顺畅。

从另一方面来说，像指数基金和交易所交易基金这样的投资工具充斥着投资市场或主要行业，它们甚至存在于其他国家的整体市场。利用信息化和实用的技术分析工具解读市场，我们就可以在适合的时间范围内——从短线交易到长线投资，把资本配置于这些投资工具。我们就不必对那些基本原理或者个股的奇怪走势感到极度痛苦，也不必迫使自己成为宏观经济学家，只需简单地读读图表并作出相应的决策。如果我们的目标是买入并长期持有，那么，至少我们有一个机制，可以判断潜在的危险何时开始。

这本书表明，由道—琼斯工业平均值或者标准普尔 500 指数这样的平均值定义的市场总体，可能受行为因素的影响比受个股基本情况的影响更大，因此就显示出一种更容易解释的趋势运动信号。确实，每个市场参与者除了观察自己拥有的具体股票外，还会观察道—琼斯指数或标准普尔指数。这些均值是全世界投资管理者通用的基准，它们无所不在并且不断地进入到投资决策领域，即使考虑的是个股；它们充斥于整个媒体，人们会在自己的手机上读取市场报价。在人们的思维中，它们就是市场。各种各样的指数或均值已经被有效地证券化成交易所交易基金，或者通过期权和期货这样的衍生工具，因此它们更加牢固地嵌入到我们的心理中。

在市场层面上，情感因素也会起作用，并且这种情感因素混杂于所有个股的表现。无论是情感成分驱使着个股股价还是与个股股价无关，它都是存在的。新闻学者常常把市场的日常波动归咎于当天发生的某些事情，大多数情况下，它们用以阐释日常波动原因的新闻事件刚好与市场方向巧合。当新闻是关于某只个股时，新闻学者会应用那个公司的领头羊地位来证明他们市场判断的正确性。如果没有特别的新闻似乎能解释那天的波动，那么，新闻学者就会简单地把他们所认为的东西硬套于市场整体背后所关注的事物，比如会给出“关注通货膨胀”或者“对更高原油价格影响的担忧”等概括性的解释。

市场层面上经常发生的波动，也与机构的活动比如指数套利或者与交易所交易基金相关的活动有关系。这常常能创造出大量买卖一篮子股票的需求，这样就会对市场的波动造成影响。对交易所交易基金和套利活动需求的增加，只能更加提高人们对市场指数的关注度。在这个新范式中，要理解市场的运动，投资者必须明白机构对股票所代表的内在行为的影响。

掌握资金管理

在这个新模式中，资金管理行业会发生显著的结构性变化。至少，人们应该认识到几个重要的事实。第一就是投资管理和经纪行业的存在并不是为了最大化我们的财富，最小化我们的风险，或者保证金融系统为所有涉及的群体有效运作。就像其他任何一个服务行业一样，它受利益动机的驱使，并且向成千上万的个人和机构提供服务的能力也是受现实制约的。经纪公司、银行信托部、理财规划者和独立的资金管理人实际上除了面向那些有千万资产的大客户以外，并不能向每个人都提供一对一的服务。刚开始它们可能会花些时间以确保客户能进入适合的程式，但这之后客户只能自己掌控了。

只要这个行业有着与其业绩无关的资产管理费用作为补偿，那么，它们就会着力于聚集资产，而对业绩的表现缺乏足够的关注，只需维持在可接受的同等基准上就足够了。资金管理者会继续以尽可能高度自主而无须做太多决定的划算的并且通用的方式来管理投资组合，你会在投资组合中，看到越来越少的股票筛选和越来越多的交易所交易基金，还有更多的仅是通过电脑来配置资产的自动再平衡账户。这对资金管理者来说是一条安全实用的道路，符合他们的最佳利益。

注释：

1. Robert A. Haugen, *The New Finance*: *The Case Against Efficient Markets* (New york: Pretice Hall, 1995), p. 137.

2. Dan Ariely, Predictably Irrational(New York: HarperCollins, 2008), p.45.

第十章 趋势通道分析

尽管假设未来会与过去相似常常是危险的，但是，找出过去是什么样子的，对未来至少会有指导意义。

——威廉·F. 夏普(William F.Sharpe)，
诺贝尔奖获得者(Nobel Laureae)

对任何一个个体来说，行为都是一种无形的和难以量化的变量，更不用说千千万万的市场参与者。因此，仅知道人类行为能影响市场是没用的，除非有一种方法能在市场层面上解释或者量化它。所以，摆在我们面前的问题就是如何能够真实地实现这个目标。

答案就在于市场技术分析和图表。我们知道投资者在思考中很容易表现出共有的启发式偏差，他们的判断和行动无意识中会受到较多效应的影响，比如羊群效应、锚定效应和过度自信等，因此，有理由认为价格图表能传达出由众多参与者组成的市场的信号。更简单地说，如果图表描绘了市场的活动，而市场的活动反映了参与者的总体行为，那么，参与者的行为就会反映在图表中，因此，我们尝试去解释它。

价格图表提供了众多的可视线索，并能用多种方法来分析。尽管价格不断地变化，但它们变化的方式(如市场的周期兴衰、涨跌的角度和幅度和随后的模式形成等)却一直反映着所有参与者独特的特点和性格。普莱切特

(Prechter)一直这样讲了好多年,他利用艾略特波浪分析把大众心理和市场活动联系起来。

影响我们买卖股票决策的无数种变量一直在变化,在不同的环境下创造出不同的反应机会。此刻非常明确的买入信号可能在5分钟之后就变成了卖出信号,因此会产生这样的直觉,即使投资者在读取图表时一直关注着其中的行为,也可能无法从这种信息中预知下一步的价格走势。图表解读并不是关于精确预测的,而是关于解释现在正发生什么,明白在某些参量下哪种行为会产生什么样的走势,最重要的是明白在短期和长期时间框架下市场的基本走势,并确定从此刻起价格运动大小和方向的可能性。如果股票价格走势是完全随机的,那么,我们不可能做出比50%正确概率更好的结果,但是,图表告诉我们的却不然。它们能显示出方向,并给我们指出具有显著一致性和常常令人吃惊的精确性的价格运动边界。如果投资者能够获得比50%的方向预测正确概率更好的结果,那么,仅凭这一点,他们就可以获得比群体更大的优势。

趋势和通道

趋势的概念——无论是关于家庭财富、时尚还是天气——尽管趋势的具体描述难以捉摸,但它都是一种广为人知的事物。词典的定义总是模棱两可的,用诸如"总体方向"或者"主要趋势"等短语来描述趋势。当这个术语应用于股票或者商品价格时,它呈现出更具量化性的特点,但仍然没有通用的定义,然而,对于趋势的重要性而言是有明确共识的。正如关于技术分析书籍的作者约翰·墨菲(John Murphy)所说:"趋势的概念,对于市场分析的技术方法而言,是至关重要的。所有图表应用者使用的工具——支撑和阻力位、价格形态、移动平均、趋势线等——对于为参与趋势交易而测度市场的趋势而言,都起着核心作用。

股票趋势被不同的作者以不同的方法来定义。查尔斯·道称它为运动,R. N. 艾略特(R.N.Elliott)和罗伯特·普莱切特(Robert Prechter)称它为波动，还有其他一些人说它是周期、条带、包络等。趋势被定义为单一趋势或者回归线、多重趋势线、移动平均或者曲线带。在所有的这些情形中，趋势的概念是相似的，但是，细节和参数常常是独特的。大多数趋势类型共同的特征是，可以在不同的时间周期内查看它们，短期趋势常常套在长期趋势内，但是不同的技术方法其适应的时间周期也会有所不同。

正如查尔斯·道(Charles Dow)在著作中证明的那样，图表使用者长达一个多世纪的观察发现，股票的曲折运动呈现出某些视觉特征——数天的之字形形态，数周和数月的周期兴衰形态，数年乃至数十年的持续向上偏移。图 10.1，图 10.2 和图 10.3 显示了标准普尔 500 指数图表的这种观点。

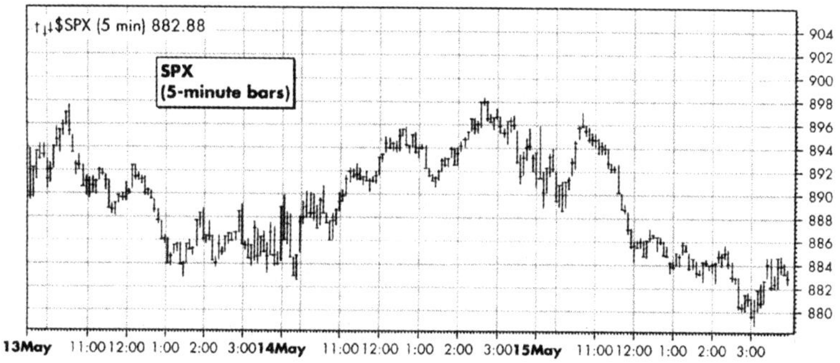

图 10.1

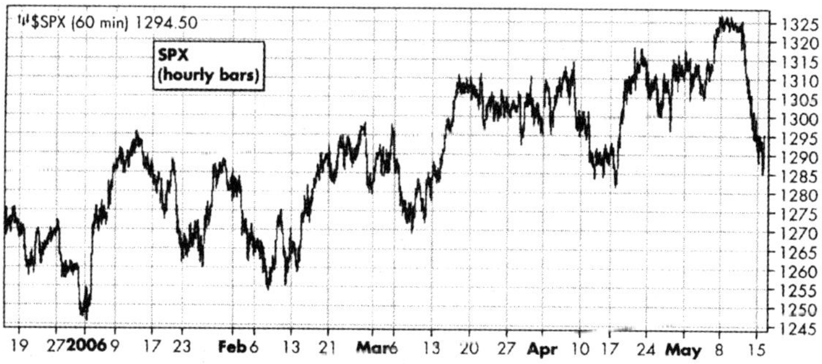

图 10.2

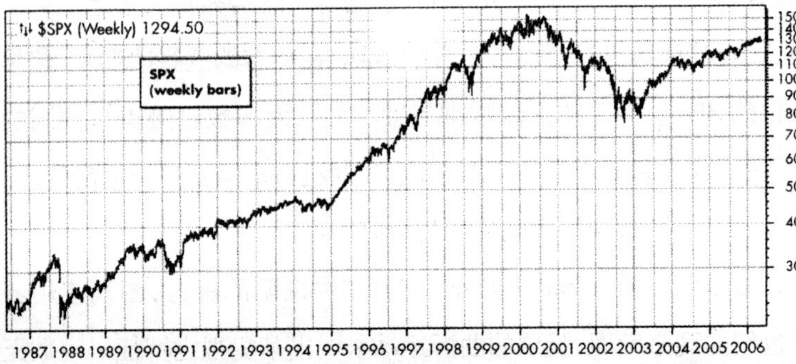

图 10.3

在更长的时间周期内(见图 10.2 和图 10.3),这些图表强烈地显示出上升的趋势,但在更短的时间周期中,这种结论就模糊不清了。显然,若要使趋势的概念变得有用,图表使用者必须使用特殊的规则和参量。

通道消除了图表中的不确定性,并提供了明确的方向性判断。它们把图表转换成正如页面路线图一样能被解释,跟随和计划的事物。它们也能提供一种主观影像,使你能够从中提取出可借以行动的结论。

本书记录的创建趋势通道的方法学是趋势通道分析(trend channel analysis,TCA)。在趋势通道分析中,趋势通道被定义为,在给定的时间周期或者周期的一部分数据中上下边界的两条平行线。传统的观点认为趋势通道是诸如三角形、上升楔形、头肩形这样偏离正常的偶发事件,这种形态若能被观察到是很有用的,但只是偶尔才会呈现。与此相比,趋势通道分析就是一种像移动平均、震荡指标,和艾略特波浪一样可以连续使用的工具。

为了举例说明画趋势通道的基本要素,图 10.4 展示了同图 10.1 相似的标准普尔 500 指数 3 日走势图,但其中画有通道。即使在仅 20 个小时的短暂交易时间内,也有如表中画圈数字所指示的三个明显趋势通道。三个通道中的每一个,都形成了涵盖整个 3 日时间的更大通道。随着这些只持续数小时的通道的开始,一个路线图开始成形。(以任何独特的时间来看,我所指的是隐藏在更大通道中的微小通道。)那些小通道(波动程度大约为标准普尔指数的 1.8%)对专业的交易者或者聪明的投资者来说是很有意义的,可以为他们提供交易机会,但它们最大的优势在于,构建更大的路线图和在更大的通道方向变化上提供早期线索或予以确认的能力。

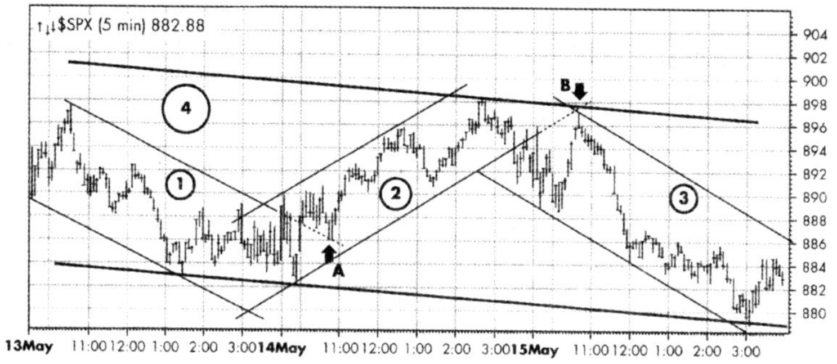

图 10.4

图 10.4 中标出的 A 点和 B 点的重要性在于趋势方向的变化。标准普尔 500 指数在 5 月 14 日早晨突破通道 1(方向变化),又于上午 11:00 左右(A 点),在再次上涨之前回弹同一条通道线。同样的突破—回测模式发生在相反的方向上,并且在数分钟之内方向就发生了变化,这使它成为一种最有时效的技术分析指标。

也许趋势通道分析最深刻的含义是,它为已经广为人知的行为学结论提供了一个直观连接。例如锚定效应和羊群效应,可以帮助解释为什么趋势通道会形成和持续。它们也可能帮助我们理解为什么通道边界线有时会惊人地精确,市场扭转方向的发生点与趋势边界的切点精确吻合,这在一个随机的市场应该很少发生。通道分析在市场层面比个股更有效的事实是来源于参与者行为的逻辑基础。个人投资者更容易受到新闻、谣言的影响,往往一边倒地买或者卖。另一方面,市场走势是数十万甚至数百万的参与者行为的结果。就如大的股票投资组合,大量的成分消除了统计上的个人行为的随机性,使得包罗万象的集体思维驱动价格的走势。

此外,作为持续可用的工具,趋势通道现在使用更全面的方法,而不是简单地跟随一个短期趋势进行快速交易。重要的拐点出现在短期和长期通道的交汇点。这些拐点可以代表市场的重大转折点,对长期投资者具有强烈的影响。判断市场行动是否是快速且不可持续的或是否有更实质性的内容,通道的坡度和宽度为此提供了有价值的线索。

市场参与者的行为和趋势通道之间的联系是非常重要的,也是高度复杂的,不要认为有100%可靠的完全可预测市场的模式,毕竟,它是基于人类的行为。但通过使用一组定义的规则和假设,我们可以用图像表示和解释市场的行动,并从结果的图片中了解大量的短期的或长期的趋势,跟随着这些趋势的移动,你将会有更多的概率去发现潜在的市场,那些跟随股市的人应该认识到这类信息的力量。

它们是如何起效的

趋势通道分析的工作方式是在最近或历史市场数据上寻找趋势通道,在短期和长期的时间框架中使用当前模式预测通道(或在这些通道内的leg)会向何方发展。在20天图中,我使用5分钟柱状线,40天图中使用1小时柱状线,为期一年~三年的图表中使用天柱状线来获得整个图像(图10.1~图10.3代表这三个时间段的视图)。在现实中,我们不能提前确定所有的通道的趋势,但知道市场不断有通道产生,知道何时通道打破或改变,我们可以在任何通道的发展中很早就进行有效的预测。重要的是要认识到市场是不能保证做任何事情,以及我们的预测很可能随着通道的发展而改变。一旦你获得了前两个波峰或波谷,你可以画一个初步的通道,由于新通道的第一站是一般之前的最后一站,你可以在一天或两天看到一个短期的通道,这可能会持续10~20天或更多。你可以从一个短期通道的一个leg中得到大线索,其本身往往形成了通道(迷你通道),你可以在几小时内精确预测。可以说,越早预测这些初步的通道,通道就越有可能随着发展需要调整。

趋势通道技术几乎没有时间限制,它有效的时间框架从小时到年。它的一个主要好处是只要几小时就能够从市场数据识中别趋势,以及在几分钟内识别或确认关键突破和变革的方向。这使它成为一个最及时的技术分析指标。

当通道刚开始形成时，如何画出通道也有很大的窍门。当通道至少有 3 到 4 个 leg 时，通道边界线将不再与整个数据的回归线平行。有了通道的帮助，有时将会使图表使用者对某种模式更有信心。这是我们所期待的和需要知道的重要知识。

成为通道学家

趋势通道分析定义通道为沿着一系列数据上下所画出的彼此平行并平行于趋势本身的边界线，趋势是由那一系列数据所指示的标准线性回归线，边界线连接趋势的最高和最低数据点位，亦即离趋势中心最远的点，这样就包含了系列数据中的所有点。若最小限度地定义一个通道，至少需要两条线中的一条连接数据列中的两点。如果这条连接离中心最远两点的线不平行于趋势，那么，有可能是图表使用者包含了太多的时间序列，使两个通道的部分混合在一起，或者没有包含整个趋势通道中足够的时间序列，这两种情况都不是有效的通道方案。

规定这些要求的重要性在于，防止我们去假设一个预测特性根本就不明显的时间序列。换句话说，如果一个时间序列不适合画出通道，就不可能提供关于未来操作的可靠预测。一般来说，观察者需加强纪律以使他们找到一个有效的通道，或者在有效的通道出现之前保持无偏差性，这是很重要的。在这项技术 5 年的使用中，除了在微笑的通道水平上，我从来没遇到过完全无法画出符合条件的重要股票指数通道的情形。在某些领域和大部分个股上，我们经常会看到一些数据无法形成通道，这告诉我们有其他的一些因素正影响着价格，在这种情形下趋势通道分析可能不是一种可靠的技术。我们最好接受这种技术的局限性，而不是伪造根本就不存在的通道而遭受错误信号的风险。

趋势通道常作为偶然事件被观察到，除非能够很好地界定它，否则可能会无法识别,这样就限制了在那个点位及时交易获利的潜在好处。然而,一旦把趋势看作是连续的存在,我们知道一个通道的结束引导着一个新通道的开始,那么,我们就可以参与这个新通道。通常,即将结束的通道的最后一个leg,会成为新通道的第一个leg。这种重叠对图表的应用者来说,将成为巨大的优势,可以使我们尽早画出初始的新通道,从而收获更大的利益。因此,在趋势通道分析中,一开始画出目前时间序列的通道,并增加或修正为新的价格数据通道就成为可能。(更多画趋势通道线的特别法则出现在第11章中。)

为了举例说明,图10.5,图10.6,图10.7和图10.8显示了2009年4月~5月20天的纳斯达克100指数[Nasdaq(EA)100(QQQQ)]5分钟价格图表。图10.5显示了这段时间未画趋势线的原始数据图。

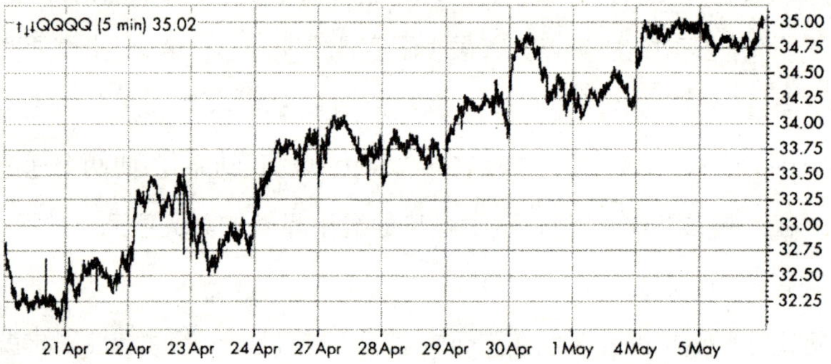

图 10.5

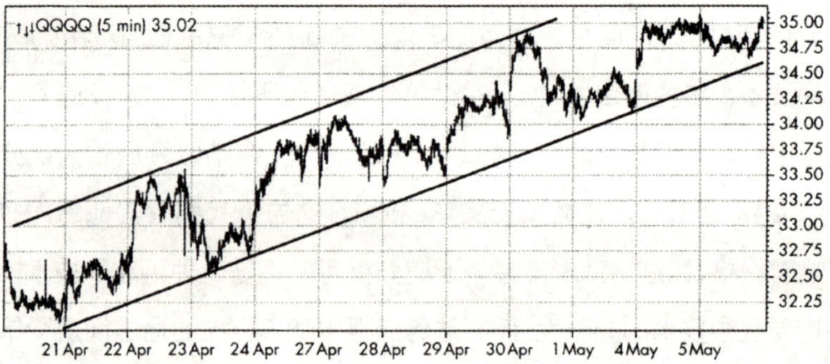

图 10.6

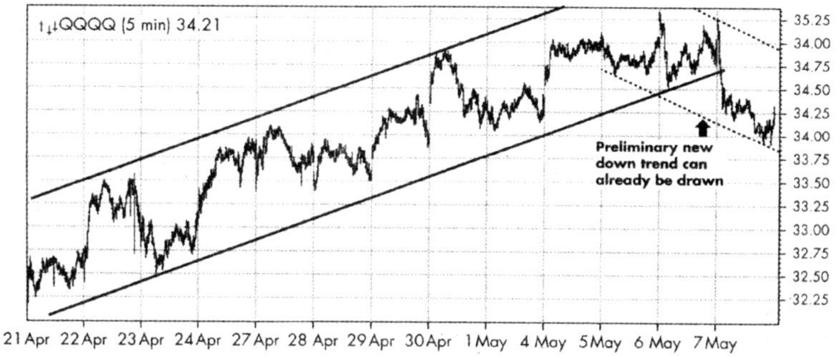

图 10.7

图 10.8

图 10.6 显示了指示目前通道的趋势线。图 10.7 显示了通过 5 月 7 日的 QQQQ 趋势突破前进图，一个新的初始下降通道画在趋势突破的第一天上。图 10.8 显示了随后 5 天的指数走势。

证据在布丁中

图 10.7 和图 10.4 中的证据表明，在构建市场波动时趋势通道分析可以是多么的精确，图 10.8 中的下降通道进一步证明了，当通道形成时数据会精确地遵守通道的走势。这样的例子是市场运动中常见的事件，可以反复地应

用,因为通道会不断地形成和突破。

趋势通道分析能够成为如此有力工具的最重要因素是,我们发现,不管是在长的还是短的时间框架内,市场不止在离散的趋势通道中运动,也会连续地从上升通道到下降通道来回运动。至此,趋势通道分析或许是断断续续,漫无目标的事情,这种不一致性(我发现这种情况对大多数个股来说也存在)会使趋势通道分析不可靠甚至无用,你只能在事后确信这个通道。这是大多数技术分析者观察图表形态时都存在的一个问题——当你注意到一个断断续续的形态发展到足够使你确信它的路径时,通常再根据它行动就太晚了。另外,你可能必须监视很多证券以识别这些形态,为了在形态出现时投资它们,经常会不断地从一种证券跳到另一种证券。然而掌握了趋势通道分析技术,你就能更早地下定决心,因为你能够从前一个通道的末端构建出新通道的开始,并且能够从交易策略中获取显著的收益。

注释:

1. John J. Murphy, *Technical Analysis of the Financial Markets* (New York:New York Institute of Finance,1999),p.49.

第十一章　解读趋势线

大量关于人类活动的研究表明，实际上所有来自于社会经济进程的发展都遵循着这样一种规律，它们自身不断地重复，具有相似性，并以一定的数字和形态不断循环地做着波动或脉冲运动。

——拉尔夫·N. 艾略特(Ralph N.Elliott)

趋势通道的旧有概念，只不过是一种人们可以试图探索短期合理交易的孤立的构造。技术分析师在这种构造中观察得足够早，他们就可能试图在这种通道构造中尽可能早地开始交易以获取利润，并在通道最终"突破"(趋势反方向的边界线外股票或指数交易的点位)时退出交易，但并没有办法去估测通道的强度(比如持续性)或者建立关于突破之后会发生什么的想法。投资者只能寄望于趋势持续的时间，希望它持续足够长的时间以获取利润。

趋势通道分析无限地拓展了这个概念，把趋势通道从一种形态识别中偶然发生的单次事件转换成一种估测和解释相关投资工具波动的动态机制。趋势通道分析的图表使用者，可以在连续性的基础上跟踪某种指数，构建出可能的未来通道路径，或者通道突破或斜率变化的可能性。这事实上提供了连续的交易机会，包括长期对冲策略的潜在价格评估，以及积累或分散的策略需求。

当把趋势通道看作是孤立的事件时，图表观察者将不知道它在哪里开始或结束,但是若知道通道主要存在于市场指数的分析中,并且具有连续性,那么图表使用者甚至在可获得新的价格数据之前就能够画出预先的通道,并在新的数据出现时修正这个通道。在这方面,通道技术提供了可能的阻力点、趋势突破、趋势线斜率的变化和潜在的风险等很早的线索。因为趋势通道分析是基于通道产生于参与者行为这样的理念来预测的,并且即使在群体水平上,行为也在频繁变化,所以趋势通道分析承认通道能够(并且确实)在中途发生变化,而且变化一旦发生就能快速地反映在通道上面。

指导方针

趋势通道分析的结构有着明确定义,随着这种方法的不断发展,一套严格的规则和假设是必要的。只有以这种方式,这种技术才能有高度的准确率,广泛应用于不同的证券或市场以及不同的时间周期。通道技术也提供了回测过去数据的方法,并最终提供了将未来进行量化的可能性。基于这种考虑,趋势通道分析的主要原则被概括如下:

1. 股票市场股价表现的特点可以用不连续的运动来描述,如用趋势通道来描绘。趋势通道是连续的。换句话说,市场总是在通道中来回运动,即使在非常极端的情形下。

2. 通道内的来回运动被称为 leg。通道 leg 通常在通道的两条边界线上交替,但也不总是这样。一个强势的 leg(通常在通道的末端)能够推进趋势方向上已经存在的边界线,造成趋势通道变宽或者斜率改变。

3. 通道总是以两条平行的线作为边界。这些边界线必须包含这段时间周期内所有的数据点(价格运动),对通道做修正时也是如此。

4. 一般的参考书目中,通道有三种标准:长期通道(持续数月至数年),短期通道(几天到几周)和微小通道(数小时)。数小时的通道形成短期通道的 legs,短期通道形成长期通道的 legs。当观察长期趋势时,相比来说短期通道就像微小通道那样。

5. 通道在上升、下降或者横向运动中震荡，周期、斜率、大小(宽度)和持续性都不同。

6. 通道重叠。一个通道的最后一个 leg 通常是下一个通道的第一个 leg。

7. 在通道反方向上的通道突破(例如，一个上升趋势通道突破它的下边线)预示着趋势减速(斜率变平坦)或者趋势反转。在通道目前方向上的通道边线突破(例如，一个上升趋势通道突破它的上边线)预示着趋势的加速或斜率变得陡峭。趋势的加速远不及趋势斜率变得平坦或者趋势反转普遍。

8. 通道斜率(弯曲度)通常会发生改变，并在同方向继续运动时变窄或变宽。

9. 通道线经常提供市场运动的精确支撑和阻力位。

10. 通道并不是绝对的。它们反映出市场参与者作为一个群体是如何行动的，并相应地体现出他们变幻无常的本性。

11. 通道告诉我们当前参与者的行为正把市场带向何方——无论这是否符合我们自己的观点。

以上的原则并不意味着具有科学的确定性，但是代表了技术解读和阐释自然现象在某种程度上的一致性。更简单地说，在上述方针指导下，这种技术能够更好地被解释和应用。更多特别的通道特点会在下面确定。

边界线

趋势通道边界线必须互相平行，如果连接最高顶点和最低谷点的边界线不平行，那么，其中的一条或者两条都是画得不正确的。如果在上面或者下面有三个点，并且它们不在一条直线上，那么，两个点是正确的(或者可能只有一个点)，另一个是不正确的。当在确定连接哪些点上遇到困难时，我会考虑几种可能性，也可能用通过数据序列的线性回归线作为指导。(这条回归线，在统计上也称作最小二乘法直线，通常用 Stockcharts.com 网站上一个简单的工具就可以画出或计算，或者用其他的图表软件。)

边界线必须囊括所有的数据于通道中,我很少让数据落在通道线之外,否则会被冠以人们熟知的遗弃或者假突破标签。当它发生时,更好的办法是移动边界线以容纳数据;否则,你会对通道线真实的位置产生主观性的决策,那样会导致不可靠的结果。

图 11.1 是一个正确的趋势通道分析图表的例子。边界线相互平行,并且至少有一条(如果不是两条的话)边界线连接两个点。图 11.2 是一个不能接受的通道例子,两条线上都只有一个点或者边线不平行。为什么边界线必须平行？当在给定的时间序列中边线不平行的话,有两个理由可以解释几乎所有的这些事件:(1)绘制通道的时间序列还不完整,之后新价格的形成会把正确的通道线体现出来,这是一件知道你追踪通道时必须知道的事;或者(2)你看到的真实情况是两个不同通道的边界线互相重叠,这也是你需要注意的事情。每当我画出一个三角形或者旗形通道时,过后一段时间几乎总是证明我是错误的。

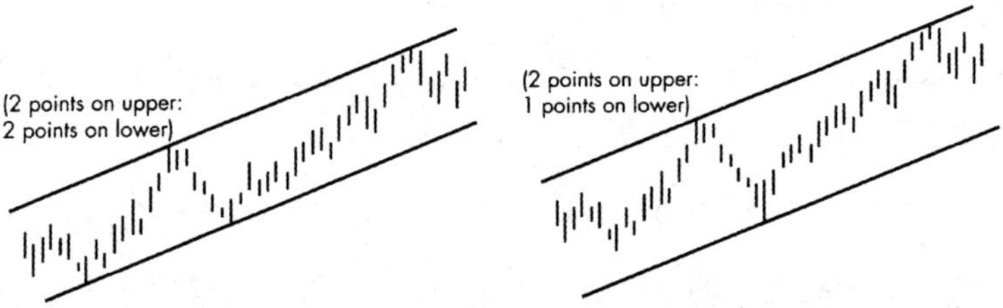

(2个点在上面，2个点在下面)　　(2个点在上面，1个点在下面)

图 11.1　正确

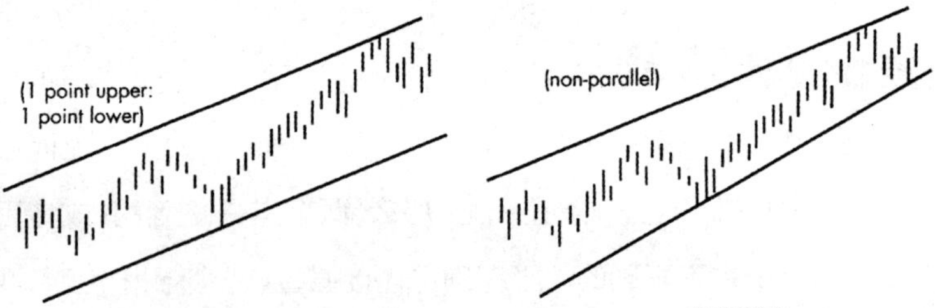

(1个点在上面，1个点在下面)　　(不平行)

图 11.2　不可接受

三角形的形成

趋势通道中可能会出现三角形，但是，它们并不能替代平行的通道。如果连接顶点的直线不平行于连接谷点的直线，那么，只有一条直线会证明是真实的通道边界，另一条会证明是一个重叠或者更大通道中的边界，或者是其他的什么。(三角形的形成大多发生在微小通道接近更大的通道边界时，指数在反向力量下被挤压在它们中。)图 11.3 是一个三角形形状的时间序列(线 A 和 B)。当遇到这种情形时，最好假定有平行的通道存在，但是，我们并不知道哪一条线才是真正的通道边界。A 线或 B 线最终可能证明是错误的，然而，在这个时候并不知道错误的是哪一条，当这种情况发生时，建议保留两个通道作为备选情形。那样的话，应对这两种可能性都保持开放的心态，直到真正的通道得到证明。因此，我画出了备选的 A1 和 B1 线，都平行于原始的两条线，并对两种选择保持开放的心态直到有一种证明是错误的。最终，一个平行的通道几乎总是会看到。

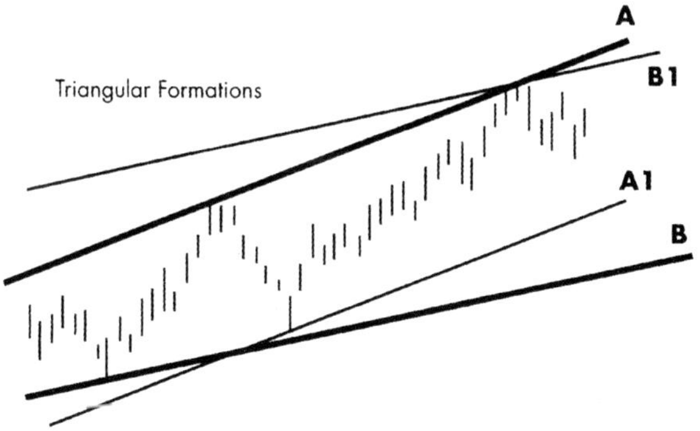

图 11.3　三角形形状

一个样本图表

图 11.4 举了一个能源指数(XLE)基金(标准普尔存托凭证)短期趋势通道的例子。A 点和 B 点定义了上边线，D 点、E 点和 F 点定义了下边线。尽

管C点是比A点和B点更高的价格点位，但这只是从图表的观点来看，而不是从趋势的观点。如果你要画出一条通过趋势中心的回归线或者最小二乘法直线，你会发现A点和B点比C点离中心更远。同样，如果你在B点和C点而不是和A点之间画出上边线，那么你会立即发现这条线既不平行于下边线也不平行于趋势本身，致使它成为错误的通道边界。C点没有达到通道上边线的事实提供了重要的线索，即趋势正在失去动力并减弱。两天之后确实如此，2月11日XLE跌落到了通道下边界之下，突破了短期通道，这表明如图所示的新的试探性下降通道此刻正在形成。

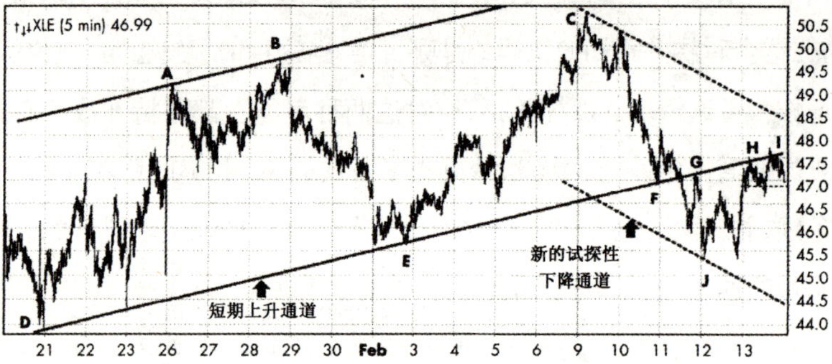

图 11.4

关于这些通道最令人惊奇的事情是，众多的点位都精确地命中边界线。如果这些数据是随机分布的，那么我们会期待这些极端的数据点位落在离中心不同的距离上，统计上用正态分布或者类似的东西来描述。如果这种情况成为可能，那么边界线很少会平行（我们的研究显示大约1%的概率），然而我们观察到平行的边界线不断重复发生，并有着令人惊奇的精确性。

通道突破

通道突破对于预期是非常重要的，因为它经常能比较精确地产生交易行为。（这是我试图在画通道时保持足够纪律性的另一个原因——这样我就能在突破发生时快速地确认。)在有关通道的旧有观念中，趋势线的突破被普遍认为代表了方向的改变，因为确实没有别的途径去解释它。我发现只在一小部分时间内这种情形才成为可能，这或许是由于通道的旧有教学观念的破灭。实际上，许多通道边界的突破到最后是斜率发生了变化，而不是方向的反转——这点小常识或许能足够改变关于通道用法的整个观念。当通道斜率改变时，它们通常会越过先前的边界一小段距离，但那时会倒退回来而不是沿着突破的方向继续前进。这样，基于通道突破代表着真正的反转而交易，可能会使你把赌注经常压在完全错误的方向上。

图 11.4 中，XLE 的试探性通道突破如虚线所示。在 2 月 10 日将近结束时，XLE 完美地跌落到最近短期上升通道下边线大约 47 点的位置(F 点)，又从那条线反弹至将近 48 点。2 月 11 日，XLE 穿越下边线一路跌到 46 点，预示着突破的发生。然而，在这天结束前，XLE 又回升至它刚刚突破的那条线(G 点)，再一次精确地触及它，并返回继续下行。这种回调模式在通道突破中非常常见，能帮助我们从斜率变化上分辨出反转突破。如果这种回调模式失败了，没有重新回到通道内，那么，这预示着反转突破。在 2 月 12 日的低点后，XLE 重新向上移动，并在 2 月 13 日又回到先前的边界线两次，但是，两次都没有能够穿越。从这些数据中，我们已经能够画出试探性的新下降通道，来解释 XLE 即将到来的行为。

图 11.4 中趋势突破的例子有这样的特点，从先前趋势的上边线急剧向下移动，穿越下边线并走得更远。这是一个常见的趋势突破情形，导致了一个与先前方向相反的新通道。有时候突破的发生明显缺乏活力，如图 11.5 所示，这种特性的突破更可能演变成斜率改变或者通道变宽，而不是反转突破。若最新的顶点没有达到现存通道的上边线，或者没有清晰的突破或回调，能为我们提供重大线索，即现存的趋势发生了变化，而不是反转突破。

当价格数据在趋势通道外运动时，这不一定会引起突破(例如，反向的新反转趋势)，有可能是其他几种情形，趋势可能是变得更宽或者斜率改变。如果斜率发生了变化，趋势仍保持以前的方向，但是，倾斜角会变得更小甚至几乎水平。斜率变化非常常见，这会在下面更详细地讨论。

重叠

通道之间有着持久的连续性，它们大部分会与先前的通道重叠。正如你在图 11.4 中看到的，XLE 当前短期通道的最后一个 leg(从 C 点到 J 点)，成了新的下降通道的第一个 leg。在斜率发生变化时，一个通道可能会与先前的通道重叠不止一条 leg。

通道 leg 和内部情形

正如早前所说，通道内部的运动称为 leg。大部分但不是所有的 leg 都会形成它们自己的通道，这个通道指的是微小通道。图 11.5 列举了纳斯达克综合指数短期通道的微小通道例子。

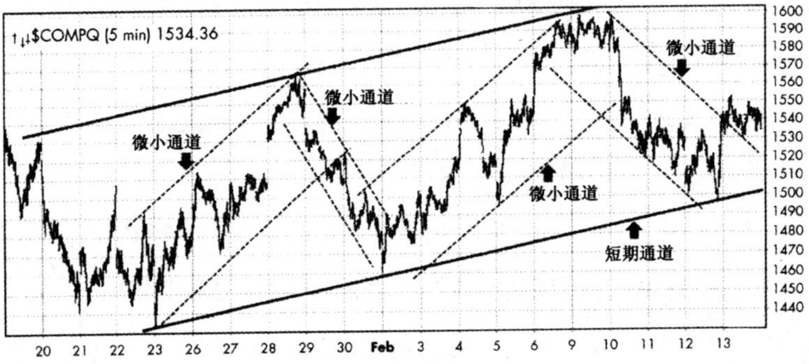

图 11.5

微小通道在本质上是随机的，呈现出不同的形状、宽度和斜率，但它们不外乎上升的微小通道或下降的微小通道。在这个例子中，所有的微小通道都完全穿越了主要通道的上下边界。尽管这是很常见的，但却不是绝对的。微小通道可能短暂地停留在边界之外，并在通道中部反转，内部的通道运动也可能根本形成不了通道，它们可能沿着上边线或下边线爬行，或者可能攀升后又回落。

然而，微小通道是极好的短期指标，能够提供趋势是否良好和其特性的线索，还有短期的交易机会。当通道边界被触及，内部运动发生反转时，微小通道的方向发生变化并呈现出新的特性(宽度、角度等)。这些反转形成得很快，并能够确定整个趋势是否在继续或者突破是否即将来临。因为它们在仅仅几个小时之内就形成，它们也能够提供极好的短期交易机会。另外，一个形成良好的微小通道偶尔也会突破或者延展一个更大通道的边界(参见图 11.6)。突破之后，微小通道通常仍完好无缺，继续提供更多的线索和交易机会。

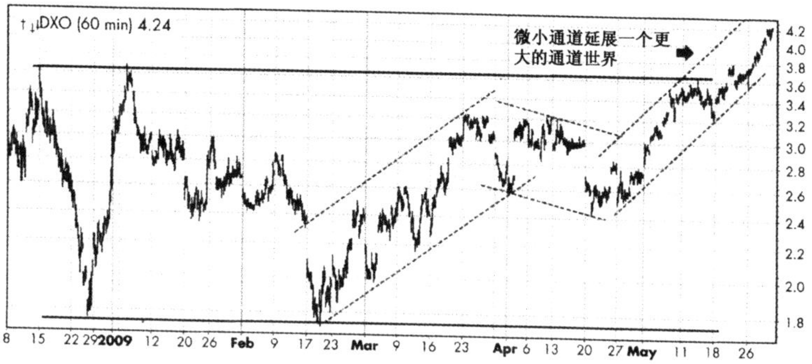

图 11.6

斜率变化

认识到通道会自然弯曲或者改变斜率，可能是趋势通道分析中最重要的一方面。如果不考虑斜率变化，可能通道经常会突破边界线而不会方向反转。在趋势通道的旧有观念下，这可能导致观察者简单地假定旧通道已被突破，也不能提供解释通道在原方向上继续运动的方法。另一方面，接受通道经常发生斜率改变的观点，有助于填补先前不能解释的时间区间的巨大缺口，反过来也能使观察者明白市场会不断地形成通道。

图 11.7 举例说明了 2008 年夏季和秋季信用崩溃期间标准普尔 500 指数斜率怎样发生变化。

标准普尔 500 指数一直在一个从 2007 年开始的稳定的长期通道中下降。四个低位——2007 年 8 月、2008 年 1 月、2008 年 3 月和 2008 年 7

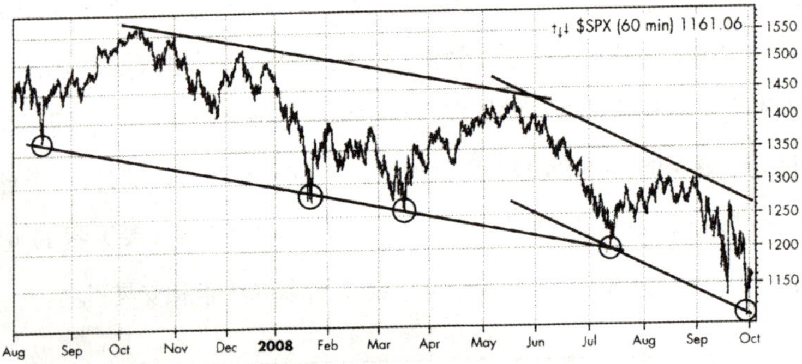

图 11.7

月——都落在或者几乎接近那个通道的下边线。这是一个非常有效的图表，但在 2008 年 9 月，指数不再能回到这个下降通道的上边线，这预示着弱势正在加强的可能性。利用 9 月份接近1 300点的高点作为新通道的第二个点，并连接至 5 月份的高点，就画出了一个修正的斜率。再从 7 月份的低点画一条平行的下边线，就完成了一个修正的通道，这个通道比原始的通道窄一点，也更陡峭。这个新形成的通道(或者说是原始通道的延伸，看你怎么看待了)最终接近 9 月份的低点，并恰好触及 10 月初的低点。

这是一个原始斜率增大或者更陡峭的斜率变化例子。然而，更一般的是，通道在原方向上斜率变得更小的情况，特别是在原始的通道开始时比较陡峭的情况下。趋势更经常倾向于失去动力而不是加速。虽然动力的弱化不必伴随着最终的趋势突破和反转，但经常会如此。我曾看到过一个黄金长期运行趋势的例子，通道变成另一个角度更小的通道，但过后又重新加速。

应该注意到 5 月份的高点和 7 月份的低点同时存在于两个通道的边线上，但也并非总是如此。也可能只有一条线，或者一条线也没能落在原始通道上某个高点或低点。在许多情况下，新通道的一条线或者两条线反而可能会在半空中穿越旧通道相应的线。

回归线

边界线会平行于通道的线性回归线，但只有在通道完全形成后。然而，尽管平行于回归线,但也不一定与它等距离。若通道没有完成,线性回归线就不可能平行于边界线,因为趋势(或者其中一部分)的每个额外 leg 都会改变回归线。在趋势的开始,只有当第一条或者有两条 leg 存在时,试探性的通道才能由高低点位画出,但在这个阶段回归线完全无助于确定它们的斜率。

变宽和变窄

与斜率的变化同时发生的是,通道也经常会变宽或者变窄。更陡峭的通道倾向于变窄,更平坦的通道倾向于变宽。在急剧运动时微小通道也可能变得非常陡峭和狭窄,这样的运动通常是快速爆发并成为更大通道的一部分。更宽和更平坦的通道随着时间的推移更有持续性。

角度

角度(通道斜率)有相当程度的差异性,而且在震荡通道的角度之间关联性较少,不论是在微小的或者是短期的水平。微小通道倾向于有着最陡峭的角度,通常展现出 45°～70°的斜率,短期通道(持续数日)倾向于更平坦(20°～40°),长期通道相比最平坦。当然,这也有例外情况,比如 2008～2009 年的长期急剧下降趋势。

重新定义支撑和阻力概念

趋势通道分析使我们能够重新定义支撑和阻力的概念,它们是技术分析中最基本和最常用的概念。目前支撑和阻力的概念是个股和整个市场指数的关键价格,吸引着市场参与者的共同注意力——典型的是一个整数,例如道—琼斯1 000点,或者一个个股或者指数先前曾达到的价位。这样的价格来自于图表自身,并代表了一种人为的价格,在这个价位上买入者或卖出者先前已经证明他们会介入。它们常常是媒体臆造的产物而非事实,举例来说,一只股票的支撑位,只不过是前期买入者愿意买入这只股票的观察价格。

如果一只股票连续数周都在50～55美元的价位上交易，那么看起来每当它回落到50美元时就能吸引买入者，而50美元就代表着支撑。同样的效应也能发生在主要指数如标准普尔500指数的800点位，这在最近形成了某种程度上的支撑。这样的思考与第七章描述的几种行为倾向一致。

支撑或者阻力价位常常会被许多市场参与者提前设置的撤销前有效(GTC)命令所支撑。在这种情形下，假如当价格又达到50美元时人们会愿意买入，那么，他们会设置一个在价位50美元的GTC买入命令。如果股票价格跌至50美元，那么命令会被执行；否则，它只会继续存在于交易所或者做市商的电子命令簿中。卖出者可能会基于这种影响设置止损命令，当价格跌至50美元以下时卖出。这种原理可阐释为当股票价格跌破50美元时，意味着买入者不再愿意在这里支撑价格，并可能跌至更低一点的新支撑价位。这种卖出止损命令作为一种保护性的策略来执行，只要当股票价格跌至命令上指定的价位。

若以这种方式来定义，股票或者整个市场的支撑和阻力位大体上只是一种技巧，是完全不可靠的。它们是由关注它们的投资者所引起，或者是由别人指点而来的。因为没有人能够真正知道到底有多少买入者或卖出者在某个特定的价位上对某只股票或市场感兴趣，因此支撑和阻力的概念值得高度怀疑。最重要的是，只有在同样的位置多次发生转折后，投资者才能够指出正确的支撑和阻力位。所以，不要相信这样的论调，不管它来自于哪里。

趋势通道分析以一种完全不同的方式来解释支撑和阻力，沿着与之持续相关的现有趋势来显示支撑和阻力价格，并由许多人无意识的行为来确定，而非一些人的主观臆测。只有在市场水平上跟随趋势通道一段时间，才能确信支撑和阻力并非由某些人事后观察的特定价格点位来确定，但是却经常持续地由事前的趋势通道外边界来表现。而且，由趋势通道边界确定的支撑和阻力有着令人难以置信的精确。

图11.8显示了与图11.6相似的标准普尔500指数图表，不同的是它没有通道线，但有这段时间内确定的低点。

利用传统的定义，这张图表中投资者可以考虑的支撑位不止有一个低

图 11.8

点，因为每个低点都是不同的。然而，如果你应用趋势通道分析，并在前 3 个数据点位后画出如图 11.7 所示的通道，那么你就可以构建出这段时间内多达 5 个的主要低点和 3 个主要高点。

趋势通道分析的优势

趋势通道分析提供了一种关于趋势通道的全新视角，从晦涩难懂又很少使用的图表，转化成为解读市场行为和预测方向，还有潜在的低点、高点和转折点的利器。趋势通道分析为个人和专业人士提供了关于由所有参与者反映出来的市场行为的客观看法，并把图表注入到时间环境中而为我们显示出趋势。

市场在以平行线为边界的更大更长的趋势内部，不断地由上升趋势到下降趋势震荡，这是个令人惊奇的发现。趋势通道分析的一致性和屡次精确地告诉我们，这种现象是真实的和持久的——对比大多数金融学者和投资专家试图让我们相信的事情来说。结合其他的技术指标，这种技术可以为使用它的人们提供洞察力，极大地改善了他们的投资表现。

优 势

作为一种市场工具，趋势通道分析至少包括以下优势：

1. 对市场趋势的持续性观察。

2. 确定有吸引力的市场进出位,不管你是交易还是长期持有。

3. 与空洞的基本面估价不同,趋势通道分析能提供分析交易的决策的依据。

4. 比较不同市场相对吸引力或者风险的方法。

5. 可作为潜在的重要市场风险或机会的早期预警指标。

6. 可专注于单个市场指数而无需在电脑上盲目地搜寻股票。

7. 一种在任何市场环境中都可投资和交易的方法。

8. 只需投入较少时间,任何人都可毫不费力地应用并理解的技术。

注释:

1. Robert R. Prechter Jr., *Pioneering Studies in Socionomics* (Gainesville, GA: New Classics Library, 2003), p.338.

第十二章　汇总

买入并持有是条死路。一切都结束了。趋势跟随者是自从大萧条以来最大的市场崩溃中唯一的赚钱者。

迈克尔·柯弗(Michael Covel)

那些发展了交易技术的人们普遍地注意到建立纪律规则和参数的重要性。许多人非常依赖电脑寻求帮助,特别详细地量化策略和执行的参数。在一个极端情况下,趋势通道分析可能会以这种方式应用,但是,它的总体优势在于,能够为即使是非专业的投资者提供那些无法从媒体、经纪人或者无所不知的邻居身上获得的市场观点。趋势通道分析能够做到这些的原因在于,它的核心是很容易理解的简单假设。

作为股票价格背后推动力量的人类行为和心理概念,是非常极端和复杂的,以致多年来难以被主流学者所认可。确实,我们仅知道我们的行为事实上能影响价格,但对其背后发生的错综复杂的问题却难以理解。然而,当学者们试图找到联系群体本能和市场泡沫之间的等式时,趋势通道分析现在已经使这进入应用阶段。这当然并不意味着你简单地画出几条线就能变得富有,但它确实意味着用不着有博士学位和复杂的数学运算就能看得懂这张大图表。我已经在 Stockcharts.com 网站上发布免费的图表超过 5 年,并收到了来自全世界数百位读者的主动来信,他们一致认为趋势通道分析是一种简单的、直观的、容易理解的方法,能够提供惊人的精确结果。

我承认趋势通道分析是一种相对较新的概念(至少目前在用),但我们还是期望它能够得到更多的研究和提炼。我并没有坐等这项技术得到大范围应用,而是选择把它放置于公众领域中,这样就能比我曾经希望自己来完成产生更多的研究,继而使大多数人受益。这项技术应该足够灵活得被许多不同的人们以许多不同的方式来应用,而用不着害怕随着应用的广泛传播而使效力减弱。

解决牛熊谜题

牛市或者熊市的概念是种普遍性的困扰,它完全被大多数人错误地分析、解释和认识。一点是因为,它们并没有通用的定义,对不同的人来说它们意味着非常不同的事;另一点是因为,它明显是一个相对性的问题。在哪种时间框架下? 在什么样的证券或指数环境中? 市场能够轻易地在今天上涨,在最近期间下降,并在长期中又上涨。然而每个人都试图摸索市场是涨是跌(假若修整,随后总会朝着某个方向前进)的感觉,并在这种环境中做出买卖个股、基金或者类似证券的决策。

著名的市场技术大师和资金管理人理查德·唐奇安(Richard Donchian)在20世纪30年代开创了一项趋势跟踪的事业,发展出一种利用移动平均线的专有通道技术,这个移动平均线现在仍然承载着他的名字。唐奇安在没有电脑的日子里手工计算出移动平均线,他曾说过一句著名的话:“没有人能够向我证明,一个复杂的算术等式等够回答这个问题,‘市场的移动是上升趋势,下降趋势,还是盘整?’”

趋势通道分析通过不同时间窗口下现时价格与通道之间的相关点便捷地解决了这个问题。人们只需观察比如道—琼斯工业平均值(INDU)或者标准普尔500指数(SPX)至少两个不同的时间框架,就可以获得关于目前趋势的看法。依靠相关通道的构建,人们能够在某些时刻更清楚地了解市场,并对下一波走势是否遵循相似性更有信心。

图12.1是2009年4月末至5月初两周时间内的道—琼斯工业平均指数1分钟上升趋势通道。在这个短期通道中,至少到4月11日通道突破时,应

该是短期看涨的。

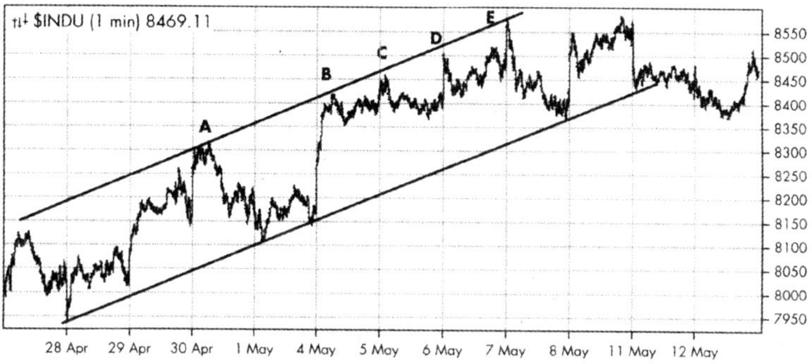

图 12.1

然而，当这个相同的指数在图 12.2 中两个月时间内观察时，可以看出以线 1 和线 2 为边界的整个通道，是在以线 5 和线 6 为边界的更大通道中的一个微小通道；当指数在图 12.1 中到达点 E 时，它同时触及了微小通道的上边线(线 1)和更大通道的上边线(线 5)，这就增加了趋势反转的概率。

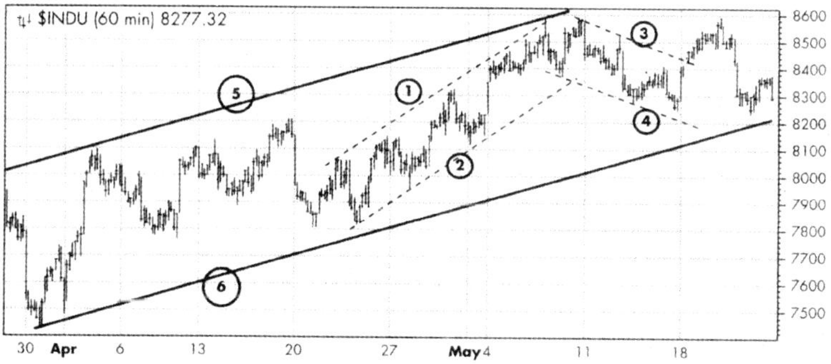

图 12.2

当指数在 5 月 11 日突破下边线(线 2)时，一个新下降 leg 的概率增加，尽管它仍在更大的上升趋势之中。因此，是看涨还是看跌要取决于你的时间范围。

作家纳西姆·尼古拉斯·塔勒布(Nassim Nicholas Taleb)经常在概率和市场方向课上说："牛熊术语是那些不愿经历不确定性的人们使用的。"另外，塔勒布说"超出了纯粹动物性的思考就不能理解牛市或熊市这两个词语。"他的观点是指对幅度、方向缺乏思考就可能产生误导,因为正是事件发生以及该事件发生引起潜在幅度变化的概率,产生了预期回报的统计学定义。在一个大型投资机构工作时,他曾被问起对市场有何见解,他回答说在接下来的一周内有70%的可能性市场会上涨。他的同事就问他,为何他刚刚自夸说拥有大量的标准普尔500指数期货空头头寸,他的回答是:“在它下跌这件事情上,它可能会下跌很多。”

趋势通道分析用通道的宽度和陡峭度,提供了关于幅度的观点,这里宽度是指通道两条边界线之间的垂直距离。图12.2中以线1和线2为边界的通道,宽度大约是250道一琼斯指数点。那么,当指数到达上边线时,将会有250个风险点指数会在这个通道内折回到下边线。(垂直测量的风险是通道内的最大风险,在上下边界线之间的下降路径越平坦,到达下边线时的最大下降幅度就越小。)当指数到达D点并触及更大通道的边界线5时,风险量(或者接下来潜在的下降运动量)就变成了更大通道的宽度,接近于600道一琼斯指数点。自然在某些点位,每种趋势都会突破;当它发生时,这个点的垂直风险量就变成了接下来下降通道的宽度。图12.2中,5月11日的突破导致道一琼斯指数在接下来的一周内下降了大约350点。

牛熊难题是普遍性的。媒体领袖们用幼稚的时间框架如年末,或者更糟糕的根本就没有时间框架,来提供可以马上付之以行动的市场预测。许多这样的预测是根据总的市场评估、前期高点或者只是胡乱的猜测。这种猜测什么也不能告诉我们,而且我们可能会被严重误导。最通常的是,这些猜测只是一些没有具体环境、没有可能概率、没有误差幅度、没有时间考量的数字。通道学家就拥有巨大的优势,不仅能够最先构建出具有精确性和足够信心的趋势,还能够评估在趋势内(指到达边界线)发生变化的风险和报酬面,以及不断地监视价格,确切地知道趋势何时改变并相应地修正策略。

趋势通道分析用法

趋势通道分析是一个工具而不是一个系统,它可以被用来为交易或者在特定投资工具上建立头寸提供决策支撑，也可以为各种各样的长期投资策略提供支持。下面是一些例子。

长期资产配置

对长期投资者来说，趋势通道分析可以被用作一种资产配置工具，在股票、固定收益证券和现金，或者子类中例如小盘股和国际股，或者工业部门例如能源股和医疗保健股等之间进行广泛的资产配置。对于有关股市的基本资金配置决策来说，一种包含广泛的指数像标准普尔 500 指数这样的长期图表，能够提供关于长期趋势的写照，使投资者能够在指数处于趋势相对高位时减少风险头寸，在指数处于相对低位时增加风险头寸。利用如图 12.3 所示的标准普尔 500 指数 3 年走势图，当通道下边线在 2006 年 6 月至 8 月间被触及时，投资者可能会增加股票风险头寸，而当下边线在 2007 年 6～7 月被触及时，投资者就会减少股票风险头寸。在 2007 年还出现了两次机会，在 8 月份可再次增加股票风险头寸，并在 11 月份减少。

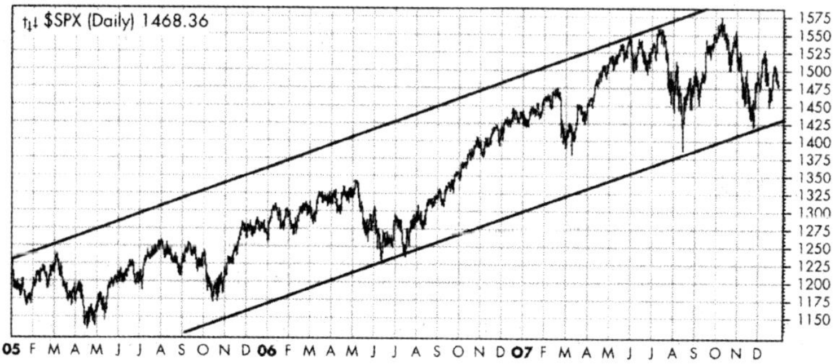

图 12.3

对子类或者行业股票的指导意见，应由这些子类的图表加以对比得出。例如，如果一个投资者想要在大盘股和小盘股之间做资产配置，那么上述股票的图表应与像罗素 2000(RUT)这样的指数图表作对比。图 12.4 显示了与上面标准普尔 500 指数图表时间段相同的罗素 2000 指数图表，它们的对比显示在 2005 年 10 月～2006 年 5 月，罗素 2000 指数相对来说要比标准普尔 500 指数的表现好得多。实际上，罗素 2000 指数增长了大约 25%，而标准普尔 500 指数只有 12%的增长。当罗素 2000 指数到达通道上边线时，应该作出减持小盘股指令，因为接下来 5 月份和 6 月份的修正走势使标准普尔 500 指数跌去了 7%，但使罗素 2000 指数跌去了 13%。

图 12.4

然而，投资者应该谨记，触及上边线或下边线并不能保证指数恰好会在通道中折回，但是，在更大通道中的这种短期通道走势的测试，会提供额外的建议，即应在适当的时候考虑资产配置的改变。

风险规避

因为并不存在能够完全规避风险的股票策略，那么，拥有能够确定何时风险会超过报酬的机制，就显得非常有用，趋势通道分析正是通过对通道的识别提供了这样一种机制。评估下跌风险的最佳时机是当通道突破时，另外一个时机就是当趋势方向上的边界线(例如，上升趋势的上边线)被触及时。通道突破会导致斜率发生变化或者趋势反转。当上升趋势被突破时，离场或者减少风险头寸能使投资者避免大多数下降趋势，当然这也会使他们失去只是斜率变得平坦的上升趋势，对于保守的投资者来说，这也许是值得的，对于不是那么厌恶风险的投资者来说，确定突破是否是新下降趋势的开始而非仅仅是斜率改变的等待策略，仍然能够使他们避免跌入最糟糕的境地。图 12.5 显示了如果利用趋势通道作为指导而采取行动，在 2008～2009 年的下跌中可以避免多少损失。

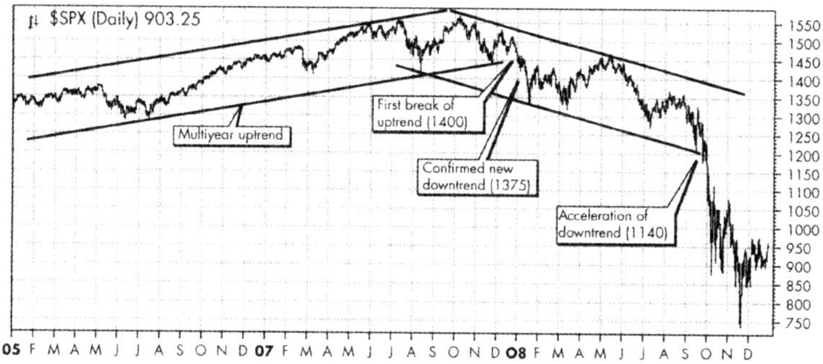

图 12.5

即使在 2007 年 7 月和 8 月份有超过 10%的下跌修正，标准普尔 500 指数也还是处于多年长期上涨趋势之中，一直持续到 2008 年。标准普尔 500 指数上升趋势的首次突破发生在 2008 年 1 月份1 400点左右，等待确认突破是否是斜率变化(仍然向上)或者是新的下降趋势，只需再等两周时间，标准普尔 500 指数滑落到1 375点之下时。担心是否会有更大下跌的投资者可能在这两个点位中的其中一个离场，2008 年 9 月末当趋势加速下跌(一个非常危险的信号)至1 140点时投资者仍然可能会离场。历经多年的上涨后，在这些点位做出离场的决定在情感上是不容易的，但通道的纪律性会使遭受到的损失比起最终看到的要处于更低的水平。

通道偶尔也能在与趋势相同的方向上加速，然而，由于市场的涨跌交互性，每次指数到达适当的边界线时也应该考虑通道在反方向上突破的可能性，这就使在上升通道的下边线上采取行动变得更重要，当然在情感上也更困难。几个月前标准普尔 500 指数在1 550点上方交易，而在1 375～1 400点时却必须离场，这种离场使最高点以下超过 10%的损失成为现实。标准普尔 500 指数从 2007 年 8 月份以来从未有过这么低，并且从那时起又到达过新高点。然而,若离场的话,可以避免巨大的潜在损失。喜欢在一个高点心情轻松地离场的投资者,会考虑当上边线被触及而非等到下边线被突破时离开长期通道。如果上边线被触及时不是最终的顶点,那么,一部分上涨趋势就要被放弃,但是,在这种情形下在1 500点以上离开的投资者会感到很庆幸。

纳税和非纳税账户

将先前描述的股票变现资金或者现金,重新分配于证券投资组合或规避风险的想法,来自于在纳税账户中必须支付可能的资本收益税。趋势通道分析为退休账户例如 401(k)计划或者个人退休账户(IRAs)提供了规避这些税收的优势。如果你把每张薪水支票都通过 401(k)计划入市,那么,你就是按购入证券的美元价格平均计算法,这是一种有效的入市的长期方法。若你不想忽略更大的行情,从每张薪水支票中都抽出资金不应该使你从你的整体资产价值中分心。每月花几百块钱买入下跌的市场是可以接受的,但是,看着数千美元从你账户的主要资产中蒸发掉是无法接受的。即使在如图 12.2 良好的长期上升趋势中,标准普尔 500 指数通道的宽度也大约有 200 点,或者是 2007 年价值的 15%。想象一下当你处于或者接近通道的顶点时——你将有 15%的风险,即使在依然上升的趋势中。如果上升趋势被突破并向下(就像接下来 2008 年的那样),你的风险将会变得更大。因此,即使在下跌的市场中,用你的定期延期薪资买入股也是合适的;但是,对你现存的投资组合来说,遵从上面所述的规则,当通道上边界被触及时,或者当确定趋势突破时,减轻仓位(例如,转向债券或现金)是一个有效的途径。

对于纳税账户,有几种方法可以解决税收问题。投资者可以在像标准普尔 500 这样的主要指数的长期指数基金或者交易所交易基金上建立头寸,并利用趋势通道分析确定何时对冲头寸而非卖掉它。对冲可以通过买入那个指数的看跌期权,卖出持保看涨期权或者补偿买入一种反向指数来中和这个指数下跌的影响。当然,这些对冲策略需要有可用的期权或者反向交易所交易基金工具。你也需要从经纪人那里得到期权买卖许可，但是，即使在个人退休账户中，你应该专注于风险最小的期权策略，而且也通常只能被允许这么做。如果你投资于共同基金，那么，对冲策略就会更难实施，但你可以使用替代物，比如一种与你的投资组合高度相关的包含广泛的指数或行业的卖出期权。例如，能源指数基金的卖出期权就代表了充满石油股的投资组合的良好对冲。这些策略都涉及其他品种的买卖。卖出期权可能是一种昂贵的保费，特别是在具有高波动性的市场环境中。另外，也需要考虑适当的期限、价格和头寸规模。其实，这是大型机构的投资组合比较喜欢的对冲策略。买入反向交易所交易基金做对冲，需要有等同于原始多头头寸的资金量，除非有双倍覆盖的反向交易所交易基金可用，这种情况下只需一半资金就够了。利用卖出期权或者反向交易所交易基金，下跌都会产生对冲收益，它要产生资本所得税，并且可能以短期税率征收。

我很喜欢卖出看涨期权，或者卖出看涨期权与买入看跌期权相结合的策略。但是，卖出持保看涨期权，你可能需要拥有它的标的物，因此替代物就不可用了。看涨期权通常不会像下跌时看跌期权赚得那么多，但是，它们会收入一些钱而不是需要花费，并且即使市场保持在接近它原来所处的位置，或者稍微走高一点，它们也会增加你的收入。如果形势证明合理的话，你可以卖出实值期权以获得更大的保护。对比看跌期权使你为时间付费来说，它们会让时间站在你这一边。

早期预警系统

想象一个研究某个山坡上风向流动的风车工程师，要从数年的数据中确定风车的最佳朝向，和从这个装置中产生的期望电量。然后想象一下他建造好了这个装置，并享用了数年可预期的由自然提供的能量，直到有一天一场飓风来临，摧毁了山坡上所有的装置。

我们作为投资者容易自满，特别是历经数年正常的市场走势和取得正的收益后。若是这样的话，我们就会忽略极其严重或者灾难性的风险。2008～

2009 年的市场或许能短暂地治疗这种倾向，但是它还会回来；即使在去年市场下跌了 40%，现在它也依然存在。趋势通道分析可以被用来作为一种早期预警系统，来帮助避免遭受这些极端情况的损失。预测 2001 年 9 月 11 日这样不太可能的事件，我们能做的很少，但是，像目前金融危机这样的灾难，确实是需要时间发展的。趋势通道分析通过不断地向你展示相对于前期的市场行为，提供关于风险增加或者动力减弱的早期指示。如果是动力减弱，你可以通过斜率的变化，或者前期曾到达边界外的通道 leg，来观察它的发展。即使你不使用这项技术交易或改变资产配置，你也可能想对极大增强的漏洞或者机会保持警惕。

如图 12.4 中看到的那样，在加速进入 2008 年第四季度的深渊前，标准普尔 500 指数的下降通道已经存在将近一年。即使你留在市场到那个时间，当趋势在那年 9 月加速下跌时你也有机会做出反应。市场对“9・11”事件的反应也是在一个已经存在的下降趋势中。1987 年的崩盘有点令人惊奇，尽管在周一市场崩盘之前的周五，通道确实被突破了。即使考虑到所有的事情，也仍可能有市场股票无法提供先期预警，但是，大多数市场下跌，对愿意关注它们的人们来说总会有预警信号，而趋势通道分析就是产生这种信号的最好(也是最客观的)工具。

交易

趋势通道分析完美地支持短期或者波段交易策略，特别是在主要的指数和交易所交易基金上。在普通短期通道内的微小通道能提供明确的进出点，并给出非常迅速的突破和反转指标。我有时会根据微小通道线设置限价买卖指令，当我知道某天无法盯盘时，就早早地把它们挂在那儿，几个小时后我回来时，会发现这些指令执行已经获利。短期通道也能提供趋势突破的快速证据，当方向错误时帮助你管理交易风险。

利用期权能使你方便地在涨跌两个方向上操作。反向交易所交易基金和杠杆交易所交易基金也是非常有吸引力的交易工具，但是，需要对杠杆交易所交易基金特别小心。当普通交易所交易基金处于某个确定的价位时，判断杠杆交易所交易基金的位置走向可能具有欺骗性，特别是在它们以百分比的形式而非变化的绝对值运作时。在高度波动的市场中，我也发现在到期日数天或数周前买入交易所交易基金和卖出持保看涨期权，能收获可观的回报。由于微小通道内的涨跌交互性，甚至在同一个证券上，也会不断地有交易机会；但你也能在几种指数证券或者行业间交替操作，这样几乎每天都有丰富的交易机会。

除了具有优势之外，利用趋势通道分析在某种程度上也是一门艺术。即使你错过了某条线的宽度，也可能会误读某个信号。因此我发现，为了看清在通道结构和边线位置上是否具有一致性，而观察一篮子指数时很难起到作用。不同的指数在不同的时间到达它们通道的边线，当标准普尔500指数落在边线上时，道—琼斯指数可能不足或者稍微超出。另外，就通道而言，小盘股更高的贝塔值(相对大盘的变动量)能使它们成为一种领先指标。

最后，必须谨记你是根据暂时的边线进行交易，因为通道在不断发展；你必须小心不要太过关注某条线而忽略了其变化或者转换。必须不断地问自己："这是唯一现实的情景吗，还是我忽略了什么?"此时，在我标注它们时会用可能的不同方式画出。最终，你将会变得更有洞察力，能识别出即将发生的变化线索，或者看出一个通道模式看起来并不正确。

展望未来

行为金融学的优势毫无疑问会持续下去，因为我们只是在这片肥沃的新知识领域挖掘到了一些皮毛而已。同时，我期待继续完善趋势通道分析，因为毫无疑问还有许多额外的市场行为线索隐藏于这些边线之间。另外，我也很期待他人能够发掘出我没有发现的事情，因为越来越多的人在同时关注着行为模型和趋势通道分析。

注释：

1. Michael Covel, Trend Following (Upper Saddle River, NJ: Financial Times Press,2007),p. 79.

2. Nassim Nicholas Taleb, Fooled by Randommess(New York: Random House,2005),p. 101.

译者简介

一、基本情况

益智，男，金融学教授，经济学博士，应用经济学博士后。先后在上海证券交易所、上海证券报、浙江工商大学工作，获国家留学基金委和学校资助计划赴美国、英国做访问学者；现任浙江财经大学证券期货发展研究中心主任，上海中大经济研究院院长，浙江省高等学校中青年学科带头人、浙江省新世纪 151 人才工程第三层次人才，浙江省国税局特约监察员，中国致公党中央经济委员会委员，泸州老窖股份有限公司、中银绒业股份有限公司等上市公司独立董事。

研究方向：资本市场、金融经济学、公司金融学、投资学

二、学习经历

1988～1992：浙江大学经济系，国民经济管理专业，经济学学士；

1992～1995：上海财经大学世界经济系，国际金融专业，经济学硕士；

2000～2003：上海财经大学经济学院，西方经济学专业，经济学博士；

2005～2006：中国社会科学院财经战略研究院，金融学专业，博士后。

三、主要讲授课题

金融市场学、公司金融、信托与租赁、投资银行学、股票操作实务、证券投资学、金融经济学、证券投资分析等。

四、科研成果

(一)代表性论文

1."我国股市牛熊市状态中偏股型开放式基金最优规模研究"，《财贸经济》。

2.“汇率波动的宏观经济变量归咎效应——基于投资者主观判断差异性的理论模型”,《管理世界》。

3.“我国偏股型开放式基金合理规模分析”,《财贸经济》。

4.“我国证券投资基金定投回报效应分析”,《浙江工商大学学报》。

5.“基于极值谱风险测度的金融市场风险度量”,《商业经济与管理》。

6.“基金费用结构对基金经理投资策略的影响研究”,《证券市场导报》。

7.“中国上市公司被动式资产重组实证分析”,《管理世界》。

8.“利用期货投资基金规避证券组合风险的实证研究”,《财经论丛》。

(二)主要著作与课题

主持教育部人文社科课题 1 项,浙江省哲学社科重点课题 1 项,浙江省哲学社科课题 3 项,上海证券交易所联合研究课题 5 项,上海期货交易所课题 1 项,其他各类副省级课题 3 项,与金融企业、上市公司合作横向协作课题 10 余项,参与国家自然科学基金项目 1 项、国家社科课题 1 项。

与上海财经大学出版社合作,出版专著《中国上市公司被动式资产重组实证研究》;主译“中大经济研究院 · 国际证券期货经典译丛”,目前已经出版了《按图索骥》、《与狼共舞》、《至臻掘金》、《量价秘密》、《嘉利图形》、《擒庄秘籍》、《顺势而为》和《中国超级银行》国际著名财经作家的著作 8 部。与中国人民大学出版社合作翻译《民主进程与金融市场:资产定价政治学》(当代世界学术名著),校译《与趋势在一起》。此外,还是《建设银行报》、《上海证券报》等报刊的财经专栏作者。

(三)获奖

1. 我国上市公司被动式资产重组实证研究,浙江省高校科研成果一等奖,2007 年。

五、联系方式

通讯地址:杭州下沙学源街 18 号浙江财经大学证券期货发展研究中心

电子邮箱:yyizhi@gmail.com;1476519061@qq.com